MW01491609

LA

EL PECADO MÁS CONTAGIOSO

ÁMAR-GURA

JAIME MIRÓN

Tyndale House Publishers, Inc.
Carol Stream, Illinois, EE. UU.

Visite Tyndale en Internet: www.tyndaleespanol.com y www.BibliaNTV.com.

TYNDALE y el logotipo de la pluma son marcas registradas de Tyndale House Publishers, Inc.

La amargura: El pecado más contagioso

Diseño: Libby Dykstra

Edición: Christine Kindberg

Las citas bíblicas sin otra indicación han sido tomadas de la *Santa Biblia*, Nueva Traducción Viviente, © 2010 Tyndale House Foundation. Usada con permiso de Tyndale House Publishers, Inc., 351 Executive Dr., Carol Stream, IL 60188, Estados Unidos de América. Todos los derechos reservados.

Las citas bíblicas indicadas con RVR60 han sido tomadas de la versión Reina-Valera © 1960 Sociedades Bíblicas en América Latina; © renovado 1988 Sociedades Bíblicas Unidas. Utilizada con permiso. Reina-Valera 1960® es una marca registrada de la American Bible Society, y se puede usar solamente bajo licencia.

Las citas bíblicas indicadas con RVC han sido tomadas de la versión Reina Valera Contemporánea © 2009, 2011 por Sociedades Bíblicas Unidas.

Las citas bíblicas indicadas con PDT han sido tomadas de Palabra de Dios para Todos © 2005, 2008, 2012 Centro Mundial de Traducción de La Biblia.

Para información acerca de descuentos especiales para compras al por mayor, por favor contacte a Tyndale House Publishers a través de espanol@tyndale.com.

Library of Congress Cataloging-in-Publication Data

Names: Mirón, Jaime, author.
Title: La amargura : el pecado más contagioso / Jaime Mirón .
Description: Carol Stream, Illinois, EE.UU. : Tyndale House Publishers, Inc., 2017.
  | Includes bibliographical references.
Identifiers: LCCN 2017022814 | ISBN 9781496426345 (sc)
Subjects: LCSH: Resentment. | Forgiveness. | Emotions—Religious aspects—
  Christianity. | Interpersonal relations—Religious aspects—Christianity.
Classification: LCC BV4627.R37 M57 2017 | DDC 241/.3—dc23
LC record available at https://lccn.loc.gov/2017022814

Impreso en Estados Unidos de América
Printed in the United States of America

23	22	21	20	19	18	17
7	6	5	4	3	2	1

CONTENIDO

PREFACIO

LA AMARGURA NOS AFECTA A TODOS

Fᴜᴇ ᴇɴ ᴊᴜɴɪᴏ ᴅᴇ 1972 cuando recibí las noticias espeluznantes.

Todo iba bien en mi vida: tenía treinta años de edad, había nacido nuestro primer hijo y yo trabajaba con el equipo de Luis Palau, quien había comenzado a sonar en toda América Latina. Luis Palau incluso me había invitado a acompañarlo en un viaje a la ciudad de Dallas, Texas en EE. UU. para asistir a una conferencia patrocinada por Cruzada Estudiantil y Profesional para Cristo. Sin embargo, el día anterior a nuestra salida, le comenté a mi esposa que no tenía paz acerca de acompañar a Luis. Este sentimiento llegó a ser tan fuerte que se lo conté a Luis, y él me dijo: «Jaime, si no tienes paz, mejor quédate en casa. Yo me las arreglo solo».

Al día siguiente, recibí una llamada de mi madre en la que me dijo que dos ladrones habían entrado en la oficina de mi padre y lo habían matado a sangre fría, robando menos de cincuenta dólares. Ni siquiera tuve el consuelo de poder decir: «Bueno, papá está con el Señor», porque a pesar de ser

v

una buena persona, ni mi padre ni nadie en mi familia tenían tiempo para Dios.

En este caso, ¿no sería justificable enojarme, guardar rencor, buscar venganza y amargarme? Después de todo, mi hijo de solo tres meses no iba a conocer a su abuelo, y yo no tendría la oportunidad de ver a mi papá en el cielo. Realmente, ¿cuáles eran mis opciones? ¿Enojarme y hundirme en una profunda amargura? ¿Buscar venganza? ¿Culpar a Dios? No, tenía un compromiso bíblico con Dios de procurar llevar una vida santa en todos los aspectos de la vida. La respuesta inmediata era perdonar a los criminales y dejar la situación en manos de Dios y de las autoridades civiles.

¿Tristeza? Sí. ¿Lágrimas? Muchas. ¿Dificultades después? En cantidad. ¿Consecuencias? Por supuesto: mi madre nunca pudo superar la amargura. ¿Fue injusto? Indiscutiblemente. ¿Hubo otras personas amargadas? Toda mi familia. ¿Viví, o vivo, con una raíz de amargura en mi corazón? Por la gracia de Dios, no. Como dice la Palabra: «Mi gracia es todo lo que necesitas; mi poder actúa mejor en la debilidad» (2 Corintios 12:9).

Años después, el tema de la amargura volvió a surgir cuando mi esposa y yo sufrimos un grave problema en la iglesia a la que asistíamos. Había una seria diferencia de filosofía de ministerio entre los diáconos y los ancianos (siendo yo uno de los ancianos), pero lo que causó la desunión no fue el problema en sí —que se habría podido resolver buscando a Dios en oración y en su Palabra y teniendo un franco diálogo entre las partes—, sino el hecho de que las personas ofendidas dieron lugar a los chismes y a la resultante amargura.

En medio de esa crisis en nuestra iglesia, tuve que viajar a otro país para enseñar sobre el tema: «Cómo aconsejar empleando principios bíblicos». Era domingo por la mañana y esperaba que me pasaran a buscar para llevarme a una iglesia para predicar. Puesto que el culto comenzaba tarde, contaba con un par de horas para descansar y prendí el televisor. Allí predicaba el pastor de la iglesia más grande de la ciudad. No podía creer lo que oía.

El pastor predicaba sobre el tema que yo había enseñado el día anterior: el perdón. Como si un rayo penetrara en mi corazón, el Espíritu Santo me mostró que yo también era culpable de no perdonar y de haber dejado crecer una raíz de amargura en mi vida por lo que ocurría en nuestra congregación. De forma inmediata, me arrodillé para confesar el pecado, recibir el perdón de Dios y perdonar a los que me habían hecho daño. ¡Qué alivio trajo a mi alma! Era como si alguien quitara un peso enorme de mis hombros.

De la experiencia que mi esposa y yo sufrimos en nuestra iglesia aprendí que la amargura es el pecado más fácil de justificar y el más difícil de detectar porque es muy sencillo disculparlo ante uno mismo, ante los demás y ante Dios. A la vez, es uno de los pecados más comunes, más peligrosos, más perjudiciales y —como veremos— el más contagioso.

Al escribir este libro, es mi esperanza y oración que quienes estén regidos por la amargura se den cuenta de que en verdad eso es pecado y que encuentren la libertad que solo el perdón y la maravillosa gracia de Dios les pueden ofrecer.

CAPÍTULO 1

¿QUÉ ES LA AMARGURA?

—————

Cuídense unos a otros, para que ninguno de ustedes
deje de recibir la gracia de Dios. Tengan cuidado de que
no brote ninguna raíz venenosa de amargura, la cual
los trastorne a ustedes y envenene a muchos.

(HEBREOS 12:15)

«Jaime —exclamó el pastor—, ¿puedes hablar con Alberto, uno de mis diáconos?».

El pastor me contó la historia. Tres años antes, la esposa de Alberto había abandonado el hogar y se había ido con otro hombre a la ciudad capital, dejando a su marido y a sus dos hijos. El pastor me explicó que los esposos eran buenos cristianos y que «no había motivo» para que ella abandonara a su familia. Unas seis semanas después, la mujer entró en razón y volvió a casa arrepentida. De forma inmediata, le pidió perdón a Alberto y a los hijos, y hasta se presentó ante la congregación para mostrar públicamente su arrepentimiento y su disposición a sujetarse a la disciplina de la iglesia.

Sin embargo, Alberto me explicó en palabras terminantes que, aunque había permitido que su esposa regresara al hogar, no la había perdonado y no pensaba perdonarla. Peor todavía, declaró que estaba dispuesto a esperar hasta que los hijos, de seis y nueve años, crecieran y salieran de la casa para vengarse de ella. Aunque había transcurrido poco tiempo desde el incidente con su esposa, ya se veían huellas de amargura en el rostro de Alberto.

En otro caso, Eduardo, un pastor, me dijo con lágrimas en los ojos que su esposa le había mentido. Cuando andaban de novios, ella le había dicho que era virgen, pero cuando se casaron él se dio cuenta de que ella no lo era. «Estoy tan amargado», me dijo entre sollozos. Le pregunté cuánto tiempo tenían de casados. La respuesta me dejó helado: ¡Veinticinco años!

La amargura no se ve solamente en casos tan extremos. Conozco a muchas personas que quedaron amargadas por ofensas que parecerían triviales. Menciono tres: 1) Rut se ofendió porque el pastor no estaba de acuerdo con su definición de *alabanza* y desde aquel momento comenzó a maquinar maneras para sacarlo de la iglesia; 2) Luz, la esposa de Carlos, se amargó cuando a su esposo lo pasaron por alto para un ascenso en su trabajo; 3) Luisa, una profesora de Centroamérica, se sintió sola y triste porque su hija, yerno y nietos se habían mudado a otro país. Nuestro intercambio de correos electrónicos ilustra cuán sutil puede ser la amargura en la vida de un creyente: en su segundo correo, Luisa no utilizó la palabra *sola* sino *abandonada*, y en lugar de *triste*, surgió el término *enojada*. En las siguientes misivas, se hizo evidente que estaba sumergida en la autocompasión y la amargura. Se sentía herida porque su hija la había «abandonado» y además estaba resentida porque, según ella, los demás familiares que vivían cerca no la tomaban en cuenta «después de todo lo que he hecho por ellos».

De las personas mencionadas arriba, y de muchas más, he aprendido cinco lecciones acerca de la amargura:

- El tiempo no sana todas las heridas.
- Una disculpa por el ofensor no necesariamente soluciona el problema.
- Puede suceder en la vida de un líder de la iglesia.
- Es capaz de enfriar a una persona en su vida cristiana.
- Por regla general, nos amargamos con las personas más cercanas a nosotros.

El siguiente ejemplo ilustra cómo la amargura puede dividir a amigos y familiares. Florencia, una joven de veintiún años, pertenece a una familia que durante años ha sufrido una contienda familiar. La pelea comenzó poco después del nacimiento de Florencia, sobre algo que al principio fue insignificante. Veinte años más tarde, alimentada por el rencor, la paranoia y vanas imaginaciones, existe una gran brecha entre dos bandos de la familia. A pesar de que casi todos son cristianos, la lucha es más fuerte que nunca. Florencia, tomando en serio lo que dice la Palabra de Dios sobre la amargura, es la única de la familia que no culpa a los demás ni alega que ella misma tiene razón. Con toda el alma, quiere que la familia se reconcilie. Sin embargo, se siente impotente porque está bajo la amenaza de no poder volver a la casa de sus padres si pisa la propiedad de su hermana y su cuñado.

La definición de la amargura

En el griego del Nuevo Testamento, *amargura* proviene de una palabra que significa *punzar*. Su raíz hebrea agrega la idea de *algo pesado*. Finalmente, el uso de amargura en el griego clásico revela el concepto *de algo fuerte*. La amargura, entonces, es algo fuerte y pesado que punza hasta lo más profundo del corazón.

Un diccionario de conceptos en línea define la amargura de esta manera: «Dolor, pena, disgusto que va hacia los rasgos sentimentales profundos. [...] Producto del desengaño del alma llegando al pecado como un veneno contaminante y arrasa con los valores más sublimes como el amor. Se baça y alimenta de los pensamientos de pesadumbre, negativos y vengativos sin dar paso al perdón que lleva al odio como raíz de toda pena y miseria de la enfermedad espiritual»[1].

La amargura no sucede automáticamente cuando alguien se ofende, sino que es una reacción no bíblica —es decir, pecaminosa— a una ofensa o a una situación difícil.

Sin embargo, muchas veces los sentimientos de rencor son provocados por incidentes que fueron malinterpretados. A veces resultan de sucesos que nunca ocurrieron. Alguien piensa que una persona lo miraba con desprecio cuando, en realidad, ni lo estaba mirando; imagina que su jefe tiene un mal concepto de él cuando la verdad es que tiene problemas en casa; piensa que un amigo se da aires de superioridad, pero ¿es cierto? Sucede con demasiada frecuencia: los resentimientos son producto de la propia imaginación. Sin embargo, imaginarios o no, la persona sigue resentida. Si el ofendido no arregla la situación con Dios, la amargura lo inducirá a imaginar más ofensas de la misma persona.

Hace años, en nuestra iglesia se convirtió a Cristo un alcohólico que sufría de cirrosis del hígado debido a tantos años de tomar. Tenía cita con el médico el lunes y pidió oración de los ancianos (vea Santiago 5:14-15). Oramos el viernes por la noche, y el lunes el médico no podía encontrar ni un rastro de cirrosis. ¡Dios lo sanó! Por eso, quedamos sorprendidos de lo que sucedió después. Un domingo, este querido hermano entró en el templo y saludó a uno de los ancianos, pero el anciano no le devolvió el saludo. Ahora bien, en defensa del anciano, tenía la mente ocupada en varias cosas, incluyendo a un hijo rebelde en casa; no vio al hermano ni recuerda el incidente. ¡Fue una ofensa imaginaria! Sin embargo, el hermano dejó la iglesia ofendido, y por más que hablamos con él, no cambió de parecer.

La amargura es una manera pecaminosa de responder que puede convertirse en una norma de vida. Además, la amargura anda con compañeros como la autocompasión, los sentimientos heridos, el enojo, el resentimiento, el rencor, la venganza, la envidia, la calumnia, los chismes, la paranoia y el cinismo. Es interesante notar que los que trabajan con adictos dicen que el resentimiento es un obstáculo para la recuperación. Para todos nosotros, es un impedimento en nuestro crecimiento espiritual.

La amargura es escurridiza

En un caso demasiado común, una dama tomó mal algo que le dijo otra mujer y se ofendió. Pensaba que la mujer la había ofendido a propósito. Por más que trataron de disuadirla, siguió resentida y salió de la iglesia. Que sepamos nosotros, nunca volvió a congregarse. Como se puede ver, la amargura es el resultado de sentimientos heridos muy profundos y, por lo tanto, es muy difícil desarraigarla. Hay tres razones por las que es tan difícil hacerlo:

El ofendido considera que la ofensa es culpa de otra persona. Por lo tanto, razona: «Él/ella debe acercarse a mí para pedirme disculpas y arrepentirse ante Dios. Yo soy la víctima».

Un afiliado de la amargura que puede trastornar a la gente y envenenar a muchos es la idolatría. El libro de Ezequiel nos explica que los ídolos del corazón son el origen del pecado: «Yo, el Señor, les responderé a todos —sean israelitas o extranjeros— los que me rechazan y levantan ídolos en su corazón y así caen en pecado» (Ezequiel 14:7). Cuando una persona está segura de que tiene razón y se amarga, no importa lo que digan la Biblia, Dios u otros creyentes: le rinde culto al ídolo que ha levantado en el corazón, el ídolo de *estoy en lo correcto*. Le echa toda la culpa a la otra persona.

Como cristianos, normalmente nos sentimos culpables cuando cometemos un pecado. Sin embargo, no nos sentimos culpables por habernos amargado cuando alguien peca contra nosotros, pues la percepción de ser la víctima eclipsa cualquier sentimiento de culpa propia. Por lo tanto, este pecado es muy fácil de justificar. Sin embargo, aun cuando haya una ofensa real y sea completamente falta de otra persona, la forma en que reaccionamos es nuestra responsabilidad. Entregarnos a la amargura siempre es un pecado.

Estuvimos en un país sudamericano en una cruzada con Luis Palau. Al llegar, un buen hermano nos ofreció su ayuda, incluyendo su auto y un chofer, y dijo: «Estoy para lustrar sus zapatos si es necesario, y no deseo ningún reconocimiento».

Efectivamente, el chofer nos llevó por toda la ciudad durante más de una semana. Llegó el último día de la cruzada y, frente a 25.000 personas en el estadio nacional, Luis estaba dando reconocimiento a una serie de personas que fueron decisivas en el desarrollo del evento. ¡Atención!, el nombre de este hermano se encontraba en la lista, pero los ojos de Luis se lo saltaron.

El día siguiente nos preparamos para salir y no apareció este hermano. Preocupados, preguntamos qué había sucedido, y uno de sus amigos nos dijo: «Quedó ofendido porque Luis no lo mencionó en el estadio anoche». De forma inmediata, Luis lo llamó por teléfono para pedirle disculpas. ¡No contestó el teléfono! Al llegar a casa, Luis le envió una carta pidiéndole perdón por no haberlo mencionado. Según miembros de la familia, no abrió la carta. Hemos vuelto a ese país varias veces y este querido hermano no desea tener nada que ver con nosotros. Sigue resentido.

Casi nadie nos ayuda a quitar la amargura de nuestra vida. Por el contrario, los amigos más íntimos afirman: «Tú tienes derecho; mira lo que te ha hecho», lo cual nos convence aún más de que estamos en lo cierto.

Es notable que la gente mencionada en Ezequiel 14, después de haber levantado ídolos en el corazón, se atreviera a acudir a un profeta en busca del visto bueno de Dios. Lo mismo sucede con la amargura: la persona amargada a menudo busca a alguien, generalmente un allegado, que le diga que su amargura es la reacción apropiada bajo las circunstancias.

Las personas que trabajan en una entidad cristiana no quedan exentas de problemas con la amargura. Un amigo que pertenecía a un ministerio evangélico quedó herido y resentido por lo que él consideraba una gran ofensa. Una mujer, también con rencor, le dijo que tenía razón y que cualquier sentimiento se podía justificar, incluyendo la amargura en contra de la empresa y, en forma especial, de su fundador. El uno incitó al otro, y los dos renunciaron enfadados. Años más tarde, el hombre, convencido por el Espíritu Santo (vea Juan 16:8), volvió y pidió perdón. Por otro lado, hasta el día de hoy, no se puede hablar con la dama acerca de ese ministerio sin que ella diga algo sarcástico.

Mencionar la amargura puede parecer falta de compasión. Si alguien cobra suficiente valor como para decirnos: «Estás amargado; eso es pecado contra Dios y debes arrepentirte», da la impresión de que a esa persona le falta compasión. Recuerde: el ofendido piensa que es la víctima y que la culpa es ajena.

Me sucedió esto durante un diálogo con una mujer que nunca se había podido recuperar de un gran mal cometido por su padre. Ella llevaba más de treinta años cultivando una amargura que floreció en todo un huerto. Con ternura (vea Gálatas 6:1) le mencioné que era hora de perdonar y soltar el pasado (vea Filipenses 3:13). Cuando lo hice, me acusó de no tener compasión. Peor todavía, más tarde descubrí que se quejó a otras personas, diciendo que, como consejero, yo carecía de simpatía y compasión.

Hasta es posible perder la amistad de una persona por haberle aconsejado que quite la amargura de su vida, aunque al hacerlo seguimos el ejemplo de Pablo (vea Efesios 4:31).

La amargura dice: «No es justo»

Muchas veces, la amargura aparece cuando hay una aparente falta de justicia. Doy unos ejemplos.

Durante una cruzada en cierto país, varias personas, ya miembros de una iglesia, llegaron al Señor. En obediencia a Dios, querían ser bautizadas. Sin embargo, el pastor de la iglesia —también un recién convertido a pesar de que había sido pastor por años— no podía bautizarlos porque se habían bautizado de infantes. Con el visto bueno del pastor, pidieron que yo los bautizara.

De los cuatro que se bautizaron esa tarde, un hombre en particular me llamó la atención porque había sido abusivo con su esposa e hijos antes de recibir a Cristo; además, tomaba mucho y le era infiel a su esposa. Pero gracias a Dios, recibió a Cristo y el perdón por sus pecados. Fue un momento glorioso, y estaban presentes muchos amigos y varios parientes, incluidos su esposa e hijos. Cuando el hombre entró en el agua, su esposa comenzó a llorar, pero no eran lágrimas de alegría. Ella se dio la vuelta y salió corriendo.

Más tarde pudimos hablar con ella. Espetó: «¿Esto es todo? ¿Él recibe a Dios y no le pasa nada? ¿Él escapa impune, sin ningún castigo? ¿Qué de todos los años de miseria que sufrimos nosotros? ¡No es justo!».

Esa mujer estaba llena de amargura porque era injusto que su esposo fuera perdonado sin tener que pagar por los años de abuso.

«No es justo —me escribió una mujer casada por nueve años—. Mi esposo está feliz con su novia, y yo, infeliz con los hijos». Como se puede imaginar, esa mujer pronto terminó en la amargura y en pensamientos de venganza.

Otro caso similar: los padres se enfermaron y el trabajo de cuidarlos cayó sobre los hombros de la única hija soltera. Después de varios meses, nos escribió para decirnos que «no era justo» que ella tuviera que hacer todo el trabajo.

La injusticia es una prueba de que nuestro mundo está quebrantado y no funciona de la forma en que Dios lo creó. Es más, la justicia en sí es un reflejo de Dios y, entonces, es bueno desearla; dice el Salmo 11:7: «Pues el SEÑOR es justo y ama la justicia; los íntegros verán su rostro» (vea también el Salmo 37:28; 71:16; Proverbios 29:26; Isaías 5:16; Apocalipsis 15:3). Sin embargo, debemos dejar el juicio en manos de Dios (vea el Salmo 98:9; Isaías 26:9; Romanos 2:1-6; Apocalipsis 16:7).

Todos los días hay algo que «no es justo», desde los niños en los columpios hasta las acciones del gobierno. Si uno se centra en la injusticia y no quiere soltarla, pronto comenzará el rencor, el resentimiento, el enojo y, finalmente, la amargura. Algunas personas hasta se enojan con Dios por algo injusto que les sucedió en la vida.

Para todos los que están al borde de la amargura debido a que algo no es justo, ofrecemos Lucas 18:2-8:

«Había un juez en cierta ciudad —dijo [Jesús]—, que no tenía temor de Dios ni se preocupaba por la gente. Una viuda de esa ciudad acudía a él repetidas veces para decirle: "Hágame justicia en este conflicto con mi enemigo". Durante un tiempo, el juez no le hizo caso, hasta que finalmente se dijo a sí mismo: "No temo a Dios ni me importa la gente, pero esta mujer me está volviendo loco. Me ocuparé de que reciba justicia, ¡porque me está agotando con sus constantes peticiones!"».

Entonces el Señor dijo: «Aprendan una lección de este juez injusto. Si hasta él dio un veredicto justo al final, ¿acaso no creen que Dios hará justicia a su pueblo escogido que clama a él día y noche? ¿Seguirá aplazando su respuesta? Les digo, ¡él pronto les hará justicia!».

Dejemos la injusticia en manos de Dios y desarraiguemos la amargura en nuestro corazón para estar listos para cuando Jesús vuelva a aparecer.

Preguntas para reflexión

1. ¿Está de acuerdo que es muy difícil lidiar con la amargura? ¿Por qué o por qué no?

2. ¿Recuerda haber pasado por alto una ofensa alguna vez? ¿Por qué lo hizo?

3. ¿Conoce a alguien hundido en la amargura? ¿Qué puede hacer para ayudarlo?

4. ¿Ha habido alguna injusticia en su vida que usted no ha querido soltar?

5. ¿Necesita usted reconciliarse con alguien, tal vez en su familia?

CAPÍTULO 2

COMPAÑEROS DE LA AMARGURA

———

No dejen que el mal los venza, más bien
venzan el mal haciendo el bien.

(ROMANOS 12:21)

LA AMARGURA ES el pecado más contagioso por la manera en que se comunica de una persona a otras, pero también es uno de los pecados más peligrosos porque suele atraer a sus varios compañeros. En este capítulo, veremos de qué manera los más grandes compañeros colaboran con la amargura y la alimentan.

El enojo

El enojo es uno de los compañeros más cercanos de la amargura y suele ser la primera reacción frente a una ofensa. Seguir enojado durante un tiempo extendido resulta en resentimiento, un eslabón importante hacia la amargura. Puede llegar a ser un hábito pecaminoso en la vida de una persona.

Hace muy poco, recibimos una carta de la esposa de un líder de una iglesia. Él siempre anda de mal genio, y ella responde igual o peor. Con el tiempo, el enojo se convirtió en amargura, y él la sacó de la casa con todas sus pertenencias. Actualmente, ella vive con sus padres. Por su parte, la esposa se arrepintió de su rabia, pero su esposo, no.

No todo el enojo es pecaminoso, porque hay enojo santo que nos estimula a hacer la voluntad de Dios: vea el enojo santo de Jesús en Marcos 3:5 y Juan 2:13-16. Jesús se enojó pero nunca pecó (Hebreos 4:15; 1 Pedro 2:22; 3:18). El enojo tiene un propósito, como cualquier otra emoción. En el mejor de los casos, el enojo puede tener un propósito positivo en nuestra vida al estimularnos a la acción bíblica.

Sin embargo, aun el enojo santo es capaz de convertirse en pecado. Como dice Efesios 4:26-27: «"No pequen al dejar que el enojo los controle". No permitan que el sol se ponga mientras siguen enojados, porque el enojo da lugar al diablo». Así que, aun en el caso del enojo santo —el enojo contra un pecado, utilizado de una manera buena—, la persona tiene que calmarse inmediatamente después.

El problema con la mayoría de nosotros es que nos llenamos de enojo pecaminoso en un intento por defendernos y protegernos. Por lo tanto, nos enojamos con las personas en vez de contra los pecados. Como consecuencia, dejamos a algunas personas destruidas y a otras heridas. Nosotros quedamos con la conciencia manchada y, a la larga, nos llenamos de amargura.

Para alentarnos a que no nos enojemos, aun cuando la situación nos anime a hacerlo, veamos algunas de las consecuencias del enojo. (Seamos sinceros, todos hemos sufrido una o más de las siguientes). «Los que pierden los estribos con facilidad tendrán que sufrir las consecuencias» (Proverbios 19:19).

- El enojo conduce a la necedad: «Los que se enojan fácilmente cometen locuras, y los que maquinan maldad son odiados» (Proverbios 14:17). «Los que tienen entendimiento no pierden los estribos; los que se enojan fácilmente demuestran gran necedad» (Proverbios 14:29).

- El enojo conduce a otros pecados también: «La persona enojada comienza pleitos; el que pierde los estribos con facilidad comete todo tipo de pecados» (Proverbios 29:22). Si eso fuera poco: «El enojo es cruel, y la ira es como una inundación» (Proverbios 27:4).

- El enojo es tan contagioso como la amargura: «No te hagas amigo de la gente irritable, ni te juntes con los que pierden los estribos con facilidad, porque aprenderás a ser como ellos y pondrás en peligro tu alma» (Proverbios 22:24-25).

¿Qué es lo que debemos hacer frente a una ofensa cuando la tentación es enojarnos? La respuesta se encuentra en los siguientes seis pasajes. Si toma en cuenta el consejo de los seis, podrá conseguir la perspectiva de Dios sobre el enojo frente a una ofensa:

- «Mis amados hermanos, quiero que entiendan lo siguiente: todos ustedes deben ser rápidos para escuchar, lentos para hablar y lentos para enojarse. El enojo humano no produce la rectitud que Dios desea» (Santiago 1:19-20).

- «Un necio se enoja enseguida, pero una persona sabia mantiene la calma cuando la insultan» (Proverbios 12:16).

- «Las personas sensatas no pierden los estribos; se ganan el respeto pasando por alto las ofensas» (Proverbios 19:11).

- «Los necios dan rienda suelta a su enojo, pero los sabios calladamente lo controlan» (Proverbios 29:11).

- «El que pierde los estribos con facilidad provoca peleas; el que se mantiene sereno, las detiene» (Proverbios 15:18).

- «La respuesta apacible desvía el enojo, pero las palabras ásperas encienden los ánimos» (Proverbios 15:1).

Es vital entender que el enojo nunca es la única opción. El cristiano siempre tiene varias opciones, como escuchar a la persona e intentar entender lo que nos está explicando (Proverbios 18:13; Santiago 1:19-20). Además, se puede pasar por alto la ofensa (Proverbios 19:11), amar a la persona (1 Pedro 4:8), bendecirla (Romanos 12:14), orar por ella (Mateo 5:44) y/o perdonarla (Colosenses 3:13).

El chisme

El chisme es uno de los compañeros más nocivos de la amargura. A primera vista, podría parecer inocente pero, en realidad, causa un daño incalculable: «El chisme separa a los mejores amigos» (Proverbios 16:28). Cuando Pablo habla de las peores maldades, el chisme se encuentra en la lista: «Se llenaron de toda clase de perversiones, pecados, avaricia, odio, envidia, homicidios, peleas, engaños, conductas maliciosas y chismes» (Romanos 1:29; vea también 2 Corintios 12:20). Dios sabía el poder del chisme, entonces dio una solución sencilla temprano en la vida del pueblo de Israel: «No disemines chismes difamatorios entre tu pueblo» (Levítico 19:16).

Yo sufrí en carne propia lo que dice Proverbios 16:28. Cuando viví el conflicto en nuestra iglesia del cual hablé en el prefacio, fue el chisme lo que causó el daño y separó a las esposas de los ancianos de las esposas de los diáconos. Aunque más tarde se pidió perdón, la relación entre las mujeres nunca fue la misma.

Es importante recordar que el chisme no necesariamente es mentira; bien puede ser verdad. En el caso de nuestra iglesia, fue la secretaria de la iglesia quien agravó la situación con su conocimiento de muchos detalles que debía guardar en confidencia. No es que la secretaria mintiera, sino que pasaba información verídica a personas que no tenían por qué saberla. Además, cambiaba el sentido con su tono de voz y excluía ciertas partes a fin de empañar la verdad. Según Salomón: «El chismoso anda contando secretos; pero los que son dignos de confianza saben guardar una confidencia» (Proverbios 11:13).

Por tales motivos, es imperioso poner fin a cualquier chisme antes de que tenga la posibilidad de dividir a las personas. «El fuego se apaga cuando falta madera, y las peleas se acaban cuando termina el chisme» (Proverbios 26:20).

La Real Academia Española define el chisme de la siguiente manera: «Noticia verdadera o falsa, o comentario con que generalmente se pretende indisponer a unas personas con otras o se murmura de alguna»[2]. Entonces podemos entender que el chisme es contar algo, aunque sea la verdad, a alguien que no tiene por qué enterarse, con la intención de que el sujeto del chisme quede mal.

La persona amargada piensa que tiene razón; por lo tanto, no tiene problemas en contar su triste historia a cualquiera que preste oído. Sin embargo, las secuelas del chisme son profundas y duraderas. «Te podrían acusar de chismoso, y nunca recuperarás tu buena reputación» (Proverbios 25:10). Es demasiado común hoy en día que alguien sufra por un chisme en las redes sociales. Después es difícil, por no decir imposible, que recupere su buen nombre.

Hace años, cuando vivíamos en la Ciudad de México, una mujer, que era miembro de una de las iglesias, me llamó por teléfono porque sabía que yo figuraba como el encargado de la oficina de Luis Palau en México. Me contó que «había oído» (rumor) que uno de los hombres casados de la oficina de Luis Palau se había enamorado de una de las secretarias. Enseguida llamé a uno de mis compañeros y comenzamos la búsqueda de la fuente del rumor. La persona que nos llamó por teléfono solo había oído el rumor y no tenía más información. Esta clase de chisme bien puede arruinar la reputación de alguien o de una entidad.

Primero, mi compañero y yo analizamos nuestro propio trato con todo el personal de la oficina para tener la absoluta seguridad de que el rumor no saliera de algo que habíamos hecho. Después de muchas horas de investigación, encontramos que un miembro del equipo (que ya vivía en otro país) estaba tratando de ayudar a una de las secretarias solteras porque ella andaba de novia con un inconverso. Su error fue pasar tiempo a solas con la secretaria sin informarlo a uno de nosotros y explicar el porqué. Otra secretaria —quien presentó su renuncia poco tiempo después— los vio juntos y, con malas intenciones, corrió el rumor de que este hombre, casado y con hijos, se había enamorado de la mujer. Gracias a Dios, pudimos parar el chisme antes de que tuviera tiempo de correr más y antes de que pudiera destruir la reputación de este querido hermano.

El profeta Jeremías fue víctima de rumores: «Entonces el pueblo dijo: "Vengan, busquemos la manera de detener a Jeremías. Ya tenemos suficientes sacerdotes, sabios y profetas. No necesitamos que él enseñe la palabra ni que nos dé consejos ni profecías. Hagamos correr rumores acerca de él y no hagamos caso a lo que dice"» (Jeremías 18:18; vea también 20:10). La gente de Jerusalén sacó una espada muy afilada —rumores— a fin de arruinar la reputación de Jeremías para que nadie le prestara atención.

Ya que los rumores son tan peligrosos, ¿qué debe hacer cuando alguien le cuente un chisme? Proverbios nos da la pauta: «El chismoso anda por ahí ventilando secretos, así que no andes con los que hablan de más» (Proverbios 20:19). Junto con mi esposa, hemos hecho un pacto de no prestar oído a los chismes.

Mi esposa, Abigail, escribió la siguiente parte:

¿Por qué será que las mujeres acuden con chismes especialmente a las esposas de los líderes? Puede ser humillante descubrir que otros se acercan porque saben que nos agrada el chisme, que lo escuchamos con agrado. ¿Quién no quiere alguna vez escuchar algo candente acerca de otro? «Los rumores son deliciosos bocaditos que penetran en lo profundo del corazón» (Proverbios 18:8).

Cuando la gente nos busca con los problemas de otros, puede que nos haga sentir importantes y nos haga creer que somos alguien, cuando nos engañamos y, en realidad, no somos tan importantes (Gálatas 6:3). Desafortunadamente, la posición de liderazgo atrae a personas a quienes les gusta estar con gente importante, sentirse parte de un círculo selecto y pensar que, por ser parte de él, ellos también son importantes.

Nunca debemos escuchar una queja sobre otro si no estamos en condiciones de formar parte de la solución. Cuando una persona viene con un rumor, siempre es bueno recordarle que a ninguna de nosotras nos gustan los chismes en vez de tratarla como una propagadora de rumores. Si la persona no quiere parar, lo que me ha dado grandes resultados es contestar algo como: «Seguir hablando sobre esto no sería de provecho ni para ti ni para mí porque no es asunto nuestro».

Sin embargo, siempre y cuando podamos ser parte de la solución, es preciso que prestemos atención y demos pasos para resolver el problema. Por ejemplo: enviar a la persona a aquella con quien tiene el problema,

*acompañar a la persona a ver a la otra parte o quizás
hacer arreglos para que un líder de la iglesia vaya con la
persona a fin de tratar de resolver la situación. También
es importante saber que la mejor forma de detener un
rumor es encontrar la fuente, aquella que lo originó.*

*En vez de participar (pasiva o bien activamente)
en un rumor, otra manera de contrarrestar el chisme
es simplemente hablar bien de las personas. El
apóstol Pablo exhortó a los creyentes a no decir malas
palabras, sino solo palabras buenas que edificaran a la
comunidad y fueran de estímulo para quienes las oyeran
(Efesios 4:29). En realidad, siempre es una buena idea
decir cosas buenas y ciertas sobre las personas de quienes
estamos hablando.*

*El proceso de detener un chisme conlleva el peligro
de ofender a algunos. Sin embargo, si estamos siguiendo
principios bíblicos, la persona ofendida se molestará por
causa de su propio pecado y no por nuestro intento de
detener el chisme.*

Una de las instrucciones que el apóstol Pablo da a las
mujeres es que ellas «deben ser dignas de respeto y no calum-
niar a nadie» (1 Timoteo 3:11; vea también Tito 2:3). De
igual manera, los líderes de la iglesia deben dar un ejemplo de
integridad y no ser chismosos. David pregunta quién puede
estar en la presencia del Señor, y parte de su respuesta es
sorprendente: «Los que llevan una vida intachable y hacen
lo correcto, los que dicen la verdad con corazón sincero. Los
que no se prestan al chisme» (Salmo 15:2-3).

La envidia

La envidia es el deseo de algo que no se posee y es una amiga íntima de la amargura. No es buscar que a uno le vaya mejor, sino que al otro le vaya peor. «La envidia es un sentimiento que nunca produce nada positivo en el que lo padece sino una insalvable amargura»[3]. Es tan común y nociva que la Biblia se refiere al problema en varios pasajes: «No envidies a la gente malvada, ni desees su compañía» (Proverbios 24:1; vea también Salmo 37:1; 73; Proverbios 3:31; 23:17; 24:19).

Sergio, un pastor de jóvenes, nos escribió confundido. El pastor principal le tenía envidia debido a su éxito. Sin comunicarle por qué y sin previo aviso, el pastor le quitó a Sergio su cargo de pastor de jóvenes e instaló a otro en su lugar; luego, dejó de invitarlo a las reuniones de los líderes de la iglesia. Cuando Sergio le preguntó por qué, la réplica fue cortante: «¿Quieres también ser pastor principal de la iglesia?». Ya se puede imaginar cómo se sintió Sergio.

Lo que le pasó a Sergio nos recuerda lo que sucedió con David después de haber matado a Goliat en 1 Samuel 18:6-9:

> Mujeres de todas las ciudades de Israel salieron para recibir al rey Saúl. Cantaron y danzaron de alegría con panderetas y címbalos. Este era su canto:
>
> > «Saúl mató a sus miles,
> > ¡y David, a sus diez miles!».
>
> Esto hizo que Saúl se enojara mucho. «¿Qué es esto? —dijo—. Le dan crédito a David por diez miles y a mí solamente por miles. ¡Solo falta que lo

hagan su rey!». Desde ese momento Saúl miró con recelo a David.

Saúl nunca superó su envidia y persiguió a su yerno el resto de su vida. Jesús también fue víctima de la envidia: Mateo dice que Pilato «sabía muy bien que los líderes religiosos judíos habían arrestado a Jesús por envidia» (Mateo 27:18).

La Iglesia Católica considera que la envidia es uno de los siete pecados capitales. Según el catecismo de la Iglesia Católica: «Son llamados capitales porque generan otros pecados, otros vicios. Son la soberbia, la avaricia, la envidia, la ira, la lujuria, la gula, la pereza»[4]. Además, la envidia es comúnmente conocida como la madre del resentimiento.

Cuando Jesús identifica lo que contamina al ser humano, incluye en la lista a la envidia: «Pues de adentro, del corazón de la persona, salen los malos pensamientos, la inmoralidad sexual, el robo, el asesinato, el adulterio, la avaricia, la perversidad, el engaño, los deseos sensuales, la envidia, la calumnia, el orgullo y la necedad» (Marcos 7:21-22; vea también Romanos 1:29).

Pablo dice que los que se entregan a los siguientes pecados no heredarán el reino de Dios: «Cuando ustedes siguen los deseos de la naturaleza pecaminosa, los resultados son más que claros: inmoralidad sexual, impureza, pasiones sensuales, [...] envidia, borracheras, fiestas desenfrenadas y otros pecados parecidos» (Gálatas 5:19, 21; vea también Tito 3:3).

Entre las cartas de consejo que recibimos hay un tema que es demasiado común: pensar que les va bien a los inconversos, pero a nosotros, no. Nótese la envidia y la mala teología en la siguiente carta: «Cuando recibí a Cristo, pensaba que todo cambiaría. En realidad, la situación no ha cambiado: tengo las mismas deudas, no han aumentado mi sueldo, etcétera. Pero veo a mis vecinos que no conocen a Cristo y parecen felices; prosperan en todo lo que hacen y tienen menos problemas que nosotros». Es como dice el refrán: «La gallina del vecino pone más huevos que la mía».

En un *chat* en Internet, encontré el siguiente consejo de una mujer que había sufrido las consecuencias de la envidia: «Amigo, la envidia te lleva al rencor, de ahí al resentimiento con la vida, y posteriormente a la amargura y el odio, el cual es el sentimiento más ruin y es como una enfermedad cancerígena que acaba contigo».

La solución la da Pablo: «Ahora bien, la verdadera sumisión a Dios es una gran riqueza en sí misma cuando uno está contento con lo que tiene. Después de todo, no trajimos nada cuando vinimos a este mundo ni tampoco podremos llevarnos nada cuando lo dejemos. Así que, si tenemos suficiente alimento y ropa, estemos contentos» (1 Timoteo 6:6-8).

Jesús afirma que no debemos enfocarnos en las cosas que nos hacen falta: «No se preocupen por todo eso diciendo: "¿Qué comeremos?, ¿qué beberemos?, ¿qué ropa nos pondremos?". Esas cosas dominan el pensamiento de los incrédulos, pero su Padre celestial ya conoce todas sus necesidades. Busquen el reino de Dios por encima de todo lo demás y lleven una vida justa, y él les dará todo lo que necesiten» (Mateo 6:31-33).

Si la persona no supera la envidia, a la larga termina en la amargura.

La autocompasión: «pobre de mí»

La autocompasión es sentirse víctima de otra persona o de las circunstancias y es un eslabón importante en el camino a la amargura. El rol de víctima evita que la persona trate con el verdadero problema: el resentimiento. Tan nociva es la autocompasión que John W. Gardner, exsecretario de salud, educación y asistencia social de los Estados Unidos dijo: «La lástima por uno mismo [la autocompasión] es uno de los narcóticos no farmacéuticos más destructivos. Es adictiva, da placer solo al momento y separa a la víctima de la realidad»[5].

¿Hay ejemplos de la autocompasión en la Biblia? Asaf, el autor de doce de los salmos, era un levita muy conocido como adorador debido a sus aptitudes para guiar a la gente en adoración. Pero en los lamentos del Salmo 73, Asaf expresa su lucha con la autocompasión y el desánimo: «¿Conservé puro mi corazón en vano? ¿Me mantuve en inocencia sin ninguna razón? En todo el día no consigo más que problemas; cada mañana me trae dolor» (versículos 13-14). No obstante, Asaf se arrepintió y cambió de dirección: «Entonces me di cuenta de que mi corazón se llenó de amargura, y yo estaba destrozado por dentro» (versículo 21). El resto del salmo demuestra que Asaf no cedió a esos sentimientos, sino dijo: «Todavía te pertenezco; me tomas de la mano derecha. Me guías con tu consejo y me conduces a un destino glorioso. ¿A quién tengo en el cielo sino a ti? Te deseo más que cualquier cosa en la tierra. Puede fallarme la salud y debilitarse mi espíritu, pero Dios sigue siendo la fuerza de mi corazón; él es mío para siempre» (versículos 23-26).

Por otro lado, ¿qué sucedió con Caín cuando el Señor

rechazó su ofrenda? «Esto hizo que Caín se enojara mucho, y se veía decaído. "¿Por qué estás tan enojado? —preguntó el SEÑOR a Caín—. ¿Por qué te ves tan decaído?"» (Génesis 4:5-6). Caín, lleno de enojo y autocompasión, mató a su hermano.

Cito una de las muchas cartas que he recibido sobre la autocompasión: «Hermano, soy cristiano bautizado y todos los días busco a Dios en un tiempo devocional. Llevo años clamando a él, pero no sucede nada. Sufro de insomnio y de depresión desde hace años, y también tengo problemas económicos. Estoy estudiando con dificultad en la universidad. Lo único que hacen algunos de mis vecinos es burlarse de mí, sin que yo les haya hecho nada. Me siento muy oprimido, y ya no puedo más. Soy un solterón y no soy feliz. Cuando veo a los demás hombres con sus esposas y novias, y yo no tengo a nadie, me siento muy solo: lo único que tengo son problemas. El domingo, mi madre fue muy grosera conmigo y me gritó; mis padres no me quieren escuchar. Me siento muy solo. No sé qué hacer. Pensar en el suicidio es la única forma de huir de tantos problemas. Esto no es vida... Hermano, ya me cansé. No tengo a nadie que me apoye. Ayúdeme».

Este pobre muchacho siente lástima de sí mismo. Observe que todo se centra en él mismo y no en un intento de ministrar o ayudar a otros. El hecho de que los vecinos se burlan de él —real o imaginario, no lo sé— no viene de la nada. El enfoque de las muchas cartas de consejo que le he enviado ha sido darle a entender quién es el Dios de la Biblia y cómo conseguir una autoestima que viene de él. Ahí se puede ver con claridad que la autocompasión —pobre de mí— es un factor que, a la larga, produce la amargura.

Nuestro consejo para la persona que se siente víctima de otro es una fuerte dosis del Salmo 37:

- «No te inquietes a causa de los malvados [...]. Confía en el Señor y haz el bien; entonces vivirás seguro en la tierra y prosperarás. Deléitate en el Señor, y él te concederá los deseos de tu corazón. [...] Quédate quieto en la presencia del Señor, y espera con paciencia a que él actúe. No te inquietes por la gente mala que prospera, ni te preocupes por sus perversas maquinaciones» (Salmo 37:1, 3-4, 7).

- «Es mejor ser justo y tener poco que ser malvado y rico. Pues la fuerza de los malvados será destrozada, pero el Señor cuida a los justos. Día a día el Señor cuida a los inocentes, y ellos recibirán una herencia que permanece para siempre. No serán avergonzados en tiempos difíciles; tendrán más que suficiente aun en tiempo de hambre. Pero los perversos morirán; los enemigos del Señor son como las flores del campo, desaparecerán como el humo» (Salmo 37:16-20).

- «El Señor dirige los pasos de los justos; se deleita en cada detalle de su vida. Aunque tropiecen, nunca caerán, porque el Señor los sostiene de la mano» (Salmo 37:23-24).

- «He visto a gente malvada y despiadada florecer como árboles en tierra fértil. Pero cuando volví a mirar, ¡habían desaparecido! ¡Aunque los busqué, no pude encontrarlos!» (Salmo 37:35-36).

- «El Señor rescata a los justos; él es su fortaleza en tiempos de dificultad. El Señor los ayuda, los rescata de los malvados. Él salva a los justos, y ellos encuentran refugio en él» (Salmo 37:39-40).

El regodearse

Una práctica muy común es alegrarse de la desgracia de otros, en forma especial de alguien que nos ha ofendido. Cuando por fin el Señor pone al descubierto que alguien estaba en lo correcto («Él hará resplandecer tu inocencia como el amanecer, y la justicia de tu causa brillará como el sol de mediodía», Salmo 37:6), mucha gente comete el gran error de reírse de la derrota de su adversario, diciendo: «Se llevó su merecido».

Regodearse no tiene nada de positivo aparte de que nos hace sentir bien. El diccionario de María Moliner da la siguiente definición de regodearse: «Alegrarse con malignidad con un percance [...] de otra persona»[6]. Hablemos con claridad: es un resultado maligno del resentimiento.

A pesar de que es una tentación grande, no debe formar parte de la vida del pueblo de Dios. Proverbios 24:17-18 advierte: «No te alegres cuando tus enemigos caigan; no te pongas contento cuando tropiecen. Pues el Señor se molestará contigo y quitará su enojo de ellos». Además, Proverbios 17:5 agrega: «Los que se alegran de la desgracia de otros serán castigados».

Hace años, estuvimos en cierto país para una cruzada evangelística. Cuando se acercaba la fecha del evento, pasó por el país un predicador que alegó que no era tiempo de Dios para evangelizar sino para renovar a la iglesia. Resulta que casi todo el comité ejecutivo de la cruzada renunció, dejándonos casi sin liderazgo local. Fue un momento muy duro para nuestro equipo. Tiempo después, nos enteramos de que muchos de los mismos líderes habían pasado por días muy difíciles y varios se habían divorciado de sus esposas. ¡Qué tentación regodearnos por su desgracia! Confieso que no fue fácil, pero sí pudimos orar por estos hermanos.

En lugar de alegrarnos por la desdicha de otros, debemos oír lo que Jesús manda: «Yo digo: ¡ama a tus enemigos! ¡Ora por los que te persiguen!» (Mateo 5:44). La próxima vez que le venga la tentación de regodearse por la desgracia de alguien que lo haya ofendido, deténgase a orar, como dicen Jesús y Pablo. Es difícil de hacer, pero sabemos que no es imposible porque viene de la Palabra de Dios: «Bendigan a quienes los persiguen. No los maldigan, sino pídanle a Dios en oración que los bendiga. [...] Nunca devuelvan a nadie mal por mal. Compórtense de tal manera que todo el mundo vea que ustedes son personas honradas. Hagan todo lo posible por vivir en paz con todos. [...] No dejen que el mal los venza, más bien venzan el mal haciendo el bien» (Romanos 12:14, 17-18, 21).

Preguntas para reflexión

1. ¿Recuerda alguna vez cuando perdió los estribos? Después de leer los pasajes mencionados anteriormente, si llegara a suceder algo similar, ¿cómo respondería ahora?

2. Revise todos los versículos citados arriba acerca del chisme y haga una lista del daño que pueden causar los chismes y los rumores.

3. ¿Por qué piensa que estar contento puede ser el antídoto para la envidia? ¿De qué manera puede cultivar el contentamiento en su vida?

4. Cuando está enmarañado en la autocompasión, ¿cómo podría ayudarle corregir su concepto de quién es Dios (es decir, llegar a un concepto bíblico)?

5. Lea el libro de Abdías (que es un solo capítulo). ¿Cómo respondió Dios a los edomitas, que se regodearon con la desdicha de los israelitas?

CAPÍTULO 3

LAS CONSECUENCIAS DE LA AMARGURA

Mi alma llena de amargura debe quejarse.

(JOB 7:11)

Tengo un amigo que antes ministraba con una entidad evangélica. No sé todo lo que sucedió, pero mi amigo se ofendió por algunas cosas que sucedieron: despidieron a un amigo de él, otro compañero renunció en protesta y varias cosas más. Fuimos a cenar con la pareja, y mi amigo estaba en el proceso de superar el problema. Sin embargo, durante la cena, la esposa comenzó a hablar y, para nuestra sorpresa, salió todo tipo de veneno —verdadero e imaginario— contra el exjefe de su esposo. Llegó a estar más amargada que él porque tomó sobre sí la ofensa. Tristemente, esa amargura marcó el resto de su vida: generalizaba e imaginaba que todos los líderes cristianos son hipócritas. Ella no dormía bien, que fue un factor contribuyente para su mala salud y es probable que condujera a una muerte temprana. Nadie podía hablar con ella; siempre justificaba su enojo, rencor y amargura.

Para motivar a una persona a cumplir con el mandamiento bíblico de librarse de toda amargura (Efesios 4:31), veamos las múltiples consecuencias de este pecado, todas negativas.

La amargura quita nuestra mirada de Dios

El espíritu amargado impide que la persona entienda los verdaderos propósitos de Dios en determinada situación. Dado que somos muy cortos de vista, es vital recordar lo que dice Pablo: «Sabemos que Dios hace que todas las cosas cooperen para el bien de quienes lo aman y son llamados según el propósito que él tiene para ellos» (Romanos 8:28).

En nuestra iglesia había dos parejas. La primera perdió a su hijo de dieciocho años cuando lo mataron a sangre fría. La otra pareja perdió a su hija de diecisiete años en un accidente automovilístico. El esposo de la primera pareja me confesó que estaba lleno de amargura, venganza y enojo. No sabía por qué Dios había permitido que sucediera tal cosa y quería matar a los culpables. Por el contrario, el padre de la niña me dijo que entregó todo en manos del Señor en rumbo al hospital. Cuando llegamos a la sala de espera, el padre de la chica nos ministró a nosotros con palabras de ánimo.

Dos familias de la misma iglesia, dos tragedias muy similares, pero con dos reacciones diferentes: una, la amargura y la venganza; la otra, confianza en el Señor y perdón para el hombre que atropelló a su hija.

Años más tarde, hemos perdido contacto con la primera pareja porque dejaron de congregarse. La segunda pareja sigue sirviendo al Señor; cuando se les pregunta cuántos hijos tienen, siempre contestan: «Tres que todavía son pecadores y una que es perfecta».

Como resultado, el superintendente de la escuela pública invitó a los padres de la chica a que les hablaran a los padres de los alumnos acerca de cómo superar una tragedia personal. Ellos aprovecharon para dar la Buena Noticia acerca de Jesucristo. Además, en el hospital guiaron al enfermero y a su esposa a Cristo. Es decir, ellos entendieron que su hija estaba en la presencia del Salvador y que el Dios soberano tenía sus razones y motivos para dejar que pasara semejante tragedia.

El espíritu amargado envenena a otros

En uno de los pasajes más penetrantes de la Biblia, el autor de Hebreos advierte: «Cuídense unos a otros, para que ninguno de ustedes deje de recibir la gracia de Dios. Tengan cuidado de que no brote ninguna raíz venenosa de amargura, la cual los trastorne a ustedes y envenene a muchos» (12:15). La amargura nunca se queda sola en casa; siempre busca apoyo entre sus amigos. Si no la detenemos, puede llegar a envenenar a toda una congregación o a toda una familia. Por eso es el pecado más contagioso.

Cuando un huerto es invadido por malas hierbas —maleza o yuyos—, no se puede limpiar simplemente cortando la parte superior de las plantas. Hay que extraer cada pedazo de raíz por completo, si no, de cada pequeña raíz aparecerán nuevos brotes. El hecho de que las raíces no se vean no significa que no existan. Allí bajo tierra, germinan, se nutren y crecen hasta que los brotes salen a la superficie, no en un solo lugar sino en muchos. Algunas raíces silvestres son casi imposibles de controlar si al principio no se cortan por completo. El escritor de Hebreos advierte que la amargura puede quedar bajo la superficie, alimentándose y multiplicándose, pero saldrá a la luz cuando uno menos lo espere.

Aun cuando la persona ofendida y amargada enfrenta su pecado de la manera prescrita por Dios, no termina el problema del envenenamiento. Muchas veces, los compañeros han tomado sobre sí la ofensa y posiblemente se irriten cuando su amigo ya no esté amargado, como se puede ver en el siguiente ejemplo.

Hace tiempo, un médico muy respetado, y supuestamente cristiano, abandonó a su esposa y a sus tres hijos y se fue con una de las enfermeras del centro médico donde trabajaba. Después de la sacudida inicial, toda la familia se percató de que el hombre no pensaba volver. Puesto que era una familia muy unida, se enojaron juntos, se entristecieron juntos, sufrieron juntos y planearon la venganza juntos, hasta que sucedió algo sorprendente: la esposa, Silvia, perdonó de corazón a su exesposo y buscó el consuelo del Señor. Ella todavía tiene momentos de tristeza y soledad, pero, por la gracia de Dios, no está amargada. Sin embargo, los demás familiares siguen amargados y hasta llegaron a estar molestos con Silvia porque ella ya no guarda rencor.

Hay una gran diferencia entre consolar, proteger, ayudar, simpatizar y tomar sobre sí la ofensa. Proverbios 26:17 explica lo que sucede cuando se acepta como propia la ofensa de otro:

«Entrometerse en los pleitos ajenos es tan necio como jalarle las orejas a un perro». El perro se vuelve enemigo si uno lo toma por las orejas; hará cualquier cosa para que la persona lo suelte. Cuando uno toma sobre sí la ofensa de otro, se vuelve chismoso (porque propaga la ofensa) y sentencioso (porque juzga y condena al ofensor), y deja entrar amargura en su propio corazón.

Por regla general, es profunda y duradera la amargura de la gente que se pone del lado de la persona ofendida. Un sabio me dijo una vez: «La amargura es la mejor manera de perjudicarse a uno mismo por el pecado de otra persona».

La amargura produce necedad aunque se disfrace de sabiduría

El espíritu de amargura hace que la persona pierda perspectiva. Nótese la condición del salmista cuando estaba amargado: «Entonces me di cuenta de que mi corazón se llenó de amargura, y yo estaba destrozado por dentro. Fui tan necio e ignorante, debo haberte parecido un animal sin entendimiento» (Salmo 73:21-22). Las decisiones de la persona amargada son filtradas por su profunda amargura. Tales decisiones jamás provienen de Dios y bien pueden ser críticas y sentenciosas. Cuando la amargura echa raíces y se convierte en norma de vida, la persona ve, estima, evalúa, juzga y toma decisiones según su espíritu amargado. Nótese lo que sucedió con Job: en su amargura, culpó a Dios de favorecer los planes de los malvados (Job 10:3), y hasta lo encontramos despreciándose a sí mismo (Job 9:21; 10:1).

En el afán de buscar alivio o venganza, quien está amargado invoca los nombres de otras personas y exagera o generaliza: «Todo el mundo está de acuerdo» o bien «Nadie me entiende». Las frases «todo el mundo» y «nadie» pertenecen al léxico de la amargura. Cuando la amargura llega a echar raíces en la vida de una persona, por lo general, esta se vuelve paranoica e imagina que todos están en su contra. Un pastor en Brasil me confesó que tal paranoia tomó control de su vida y empezó a defenderse mentalmente de adversarios imaginarios.

Irónicamente, el espíritu amargado se disfraza como sabiduría o discernimiento. Tan peligroso es este engaño que Santiago sintió la necesidad de advertir que no forma parte de la verdadera «sabiduría», en 3:14-15: «Pero si ustedes abrigan en su corazón amargura, envidia y rivalidad, no tienen de qué presumir y están falseando la verdad. Esta clase de sabiduría no es la que desciende de lo alto, sino que es terrenal, estrictamente humana, y diabólica» (RVC).

La causa que presentó Coré pareció justa a los oyentes, tanto que doscientos cincuenta miembros prominentes de la comunidad de Israel fueron engañados por sus palabras persuasivas. Nótese que Coré alegó que hasta Dios estaba de su lado cuando se quejó de Moisés y Aarón al decirles: «¡Ustedes han ido demasiado lejos! El SEÑOR santificó a la comunidad entera de Israel y él está con todos nosotros. ¿Qué derecho tienen ustedes para actuar como si fueran superiores al resto del pueblo del SEÑOR?» (Números 16:3; vea también Judas 1:11). Es evidente que el corazón de Coré estaba lleno de celos amargos; sin embargo, ni los más preparados lo notaron. Es común que una persona disfrace su amargura con palabras espirituales para que se vea como «sabiduría» o aparente discernimiento. Sin embargo, la amargura siempre es una mala guía.

La amargura puede causar problemas físicos

La amargura está ligada al resentimiento, término que proviene de dos palabras que significan *sentir de nuevo*. Cuando uno tiene un profundo resentimiento, no duerme bien o se despierta varias veces durante la noche, y una y otra vez repite la herida en su mente como si fuera una grabación. Hay un círculo vicioso de no dormir bien, no sentirse bien al siguiente día, no encontrar solución para el resentimiento, volver a no dormir bien, ir al médico, tomar pastillas, etcétera. Algunas personas terminan sufriendo una gran depresión; otros acaban con úlceras u otras enfermedades.

Marcos Meilán, un reconocido nutricionista medicinal español, dice: «Sentir amargura es algo más que un mal sabor de boca. Según algunos psicólogos, sentir esta emoción durante bastante tiempo puede provocar que suframos trastornos psicológicos. Todo ello puede provocar también que suframos sentimientos de ira y depresión, lo cual está relacionado con varios problemas de salud, como los que afectan a nuestro corazón o a nuestro sistema inmune, siendo este más débil»[7].

El espíritu amargado da lugar al diablo

Una persona que se acuesta herida se levanta enojada; si se acuesta enojada, se levanta resentida; si se acuesta resentida, se levanta amargada. Efesios 4:27 dice: «El enojo da lugar al diablo». El diablo, nuestro gran enemigo, «anda al acecho como un león rugiente, buscando a quién devorar» (1 Pedro 5:8). Tristemente, encuentra terreno fértil en la persona amargada. Por eso, Pablo nos exhorta a perdonar «para que Satanás no se aproveche de nosotros. Pues ya conocemos sus maquinaciones malignas» (2 Corintios 2:11). Satanás emplea cualquier circunstancia para dividir el cuerpo de Cristo (vea 2 Corintios 11:14). Aparte de envenenar a otros, el espíritu amargado puede hacer que algunos dejen de recibir la gracia de Dios (Hebreos 12:15). En el contexto de Hebreos, los lectores estaban a punto de dejar su fe en Jesucristo y de volver al legalismo y a no valerse de la gracia de Dios para su salvación. La persona amargada sigue la misma ruta hacia los brazos del diablo porque la amargura implica vivir por recursos propios y no por la gracia de Dios. Tan fuerte es el deseo de vengarse y protegerse que la persona no permite que Dios obre en la situación por su maravillosa gracia, y a veces también impide que otros disfruten de la gracia de Dios, cediéndole al diablo cada vez más terreno.

Preguntas para reflexión

1. Aparte de las consecuencias mencionadas arriba, ¿ha visto usted otras secuelas de la amargura?

2. ¿Es realmente posible quitar toda la amargura de su vida y así no tener que sufrir las consecuencias?

3. ¿Hay algún área de su vida en la que está escuchando la persuasión de la amargura en vez de la voz de Dios?

4. ¿Padece usted algún síntoma físico que podría ser evidencia de la amargura en su vida? ¿Cómo podría ser su vida sin ese síntoma?

5. ¿Qué significa «da lugar al diablo»?

UN EXAMEN

Cada corazón conoce su propia amargura.

(PROVERBIOS 14:10)

ANTES DE EXPONER el antídoto bíblico para la amargura, presentemos un examen para averiguar si ha brotado alguna raíz de amargura. Recomiendo que, en oración, el lector medite sobre cada pregunta.

1. ¿Existe alguna situación que lo despierte durante la noche?

Tenemos un pariente, Adán, que trabaja con radiotransmisores. Resulta que uno de sus propios transmisores se malogró y había que repararlo. El exjefe de Adán le dijo que la empresa de los transmisores les había regalado unos igualitos, así que podía usar las piezas de ellos. Por lo tanto, Adán sacó las piezas que necesitaba de los equipos regalados y pasó varias horas reparando su propio transmisor. La verdad es que el exjefe tenía buenas intenciones de pedir los transmisores, pero ¡no hizo nada! Cuando el oficial de la empresa se enteró de que había sacado piezas de unos transmisores de la empresa, hizo que Adán sacara las piezas y las pusiera de nuevo en los transmisores correspondientes. Por su parte, Adán se enojó muchísimo y, según él, no podía dormir toda la noche. Cada vez que piensa en lo sucedido, se enoja de nuevo y no atiende a razones. No sabemos cuánto tiempo guardará su rencor y cuántas noches lo privará del sueño este incidente. Podríamos decir que el exjefe tiene la culpa, y es muy cierto, pero la reacción de Adán los está perjudicando a él y a su familia.

2. ¿Recuerda hasta los más pequeños detalles de un evento que sucedió hace tiempo?

La amargura tiene una memoria de elefante y recuerda hasta los detalles más oscuros de un incidente. Tiempo atrás, dos vecinas nuestras, cristianas, tuvieron una fuerte riña en plena calle. Fue sorprendente que una de las contrincantes, sin sacar apuntes, pero con lujo de detalles, nombró cada vez que su vecina le había pedido algo prestado durante los últimos cinco años. Sembró resentimiento, y este brotó con amargura cuando se presentó el momento oportuno.

¿Por qué recordamos ese tipo de detalles con tanta facilidad? Siempre recordamos las heridas y las ofensas si pensamos en ellas casi sin parar y repasamos los detalles una y otra vez.

Cuando era estudiante de secundaria, un maestro nos enseñó cuál era, según él, la mejor manera de recordar el material del curso: repasar, repetir y repasar. ¡Si tan solo pudiéramos recordar los buenos momentos o aun los pasajes de la Biblia tanto como recordamos las ofensas!

3. ¿Está maquinando maneras de vengarse si tan solo tuviera oportunidad de hacerlo?

Varias personas me han dicho que estas maquinaciones son, precisamente, lo que les quita el sueño. Sin embargo, Pedro da la pauta al citar el caso de Jesús: «Pues Dios los llamó a hacer lo bueno, aunque eso signifique que tengan que sufrir, tal como Cristo sufrió por ustedes. Él es su ejemplo, y deben seguir sus pasos. Él nunca pecó y jamás engañó a nadie. No respondía cuando lo insultaban ni amenazaba con vengarse cuando sufría. Dejaba su causa en manos de Dios, quien siempre juzga con justicia» (1 Pedro 2:21-23).

4. ¿Siente que su resentimiento está justificado debido a que usted es la víctima?

Aquí la frase clave es «...pero yo tengo razón!». No hay situación más difícil de solucionar que cuando la persona ofendida tiene la razón.

Quique, un empresario brillante y joven, ascendió rápidamente en su empresa y, a los treinta y seis años, llegó a ser vicepresidente con miras a llegar aún más arriba. El mismo director y fundador de la organización que lo había empleado llegó a sentir que Quique era una amenaza y buscó motivos para despedirlo. Quique, un creyente en Cristo, ignoraba el complot que se gestaba en la oficina a solo cinco metros de la suya. Finalmente, un viernes por la tarde, el director le comunicó a Quique con palabras terminantes que no tenía que volver al trabajo el lunes. Cuando preguntó por qué, el director presentó una serie de mentiras y medias verdades.

Quique encontró otro empleo, pero siguió amargado. Envenenó de amargura a su esposa (que, por supuesto, tomó sobre sí la ofensa y llegó a estar más amargada que él) y a sus mejores amigos. Es notable que, unos años más tarde, Quique y su esposa se divorciaron.

Lo que sucedió con Quique nos recuerda una vez más la historia de David y Saúl. David empezó a representar una amenaza para su comandante cuando este escuchó: «Saúl mató a sus miles, ¡y David, a sus diez miles!» (1 Samuel 18:7). «Desde ese momento Saúl miró con recelo a David», y la situación se puso cada vez peor: «Después Saúl tenía miedo de David. [...] Cuando Saúl se dio cuenta de que el Señor estaba con David, [...] le tuvo aún más miedo y quedó como enemigo de David por el resto de su vida» (1 Samuel 18:9, 12, 28-29).

La gran diferencia entre David y Quique es que David no se amargó; incluso siguió honrando a Saúl por ser el rey de Israel. La historia de David nos ofrece una verdadera riqueza de ejemplos (la mayoría positivos) para mostrar que la gracia de Dios es todo lo que uno necesita (2 Corintios 12:9) y que la amargura no es inevitable... y ni siquiera debe ser una opción para el creyente.

Ahora bien, Quique tenía toda la razón. Cada vez que escucho la historia, yo mismo me enojo, porque fue y sigue siendo injusto. Admito que es difícil quitar la amargura de la vida de quien fue ofendido, herido, pisoteado, marginado, pasado por alto o algo similar. Es difícil porque esa persona es una víctima. Sin embargo, la santa Palabra de Dios interviene con el mandamiento: «Líbrense de toda amargura, furia, enojo, palabras ásperas, calumnias y toda clase de mala conducta» (Efesios 4:31). La Biblia nunca pide que hagamos algo que es imposible (vea 1 Corintios 10:13).

5. ¿Hay explosiones desmedidas en cuanto a incidentes que de otra manera tendrían menor importancia?

Sucede a menudo en la vida matrimonial cuando uno de los cónyuges está amargado por algún motivo: la amargura se entromete en todas las contiendas con el cónyuge, y es como un volcán esperando el momento de erupción. Súbitamente y sin previo aviso, comienza a salir todo tipo de veneno antes escondido bajo la superficie. El cónyuge se sorprende por la reacción violenta de su pareja y se pregunta cuál es la razón.

La amargura es común entre esposos. Por tal motivo, tanto en consejerías prematrimoniales y matrimoniales como también en seminarios, enseñamos el principio que encontramos en Efesios 4:26 de *resolver hoy los problemas de hoy*, no dejando pendiente nada que pudiera convertirse en resentimiento y amargura.

6. Al leer la Biblia, ¿le sucede que, casi sin darse cuenta, aplica pasajes de las Escrituras a otros en vez de a sí mismo?

Muchas personas resentidas encuentran en la Biblia enseñanzas que aplican a otros (en forma especial al ofensor). Por medio de la lectura de la Biblia, en realidad juzgan a otros en vez de emplear la Biblia para beneficio propio. En vez de verse a sí mismos en las enseñanzas de la Palabra de Dios, ven las necesidades de todos los demás. En vez de ser una ayuda, la lectura bíblica se convierte en un impedimento.

Una de las pruebas de que yo me había librado de la amargura fue que, al leer el libro de Proverbios, me encontré aplicando sus enseñanzas a mi propia vida en vez de a la vida de otros involucrados en el incidente en nuestra iglesia.

El hermano del Señor dice: «No solo escuchen la palabra de Dios; tienen que ponerla en práctica. De lo contrario, solamente se engañan a sí mismos» (Santiago 1:22; vea también Lucas 8:18; 11:28).

7. ¿Suele usted hablar de «todo el mundo» o «nadie»?

Durante el problema que sufrimos en nuestra iglesia, entró en combate uno de los amigos más íntimos de la amargura: el chisme. Como en ese ejemplo, suele pasar que la persona amargada piensa que tiene razón (y probablemente sea cierto); luego, busca a otros y comparte su experiencia, fundamentando sus argumentos con exageraciones y generalizaciones citando a «todo el mundo» o hablando de «nadie».

Para poder enterrar el problema en nuestra congregación, entre otras cosas, tuvimos que disciplinar a una dama que cayó en el pecado de ser chismosa. Enfrentada con los pecados de la amargura y el chisme, se justificó y, junto con su esposo, se fueron de la iglesia ofendidos. Mirando con la sabiduría que da la experiencia, deberíamos haber tratado con el pecado del chisme al principio. Como hemos mencionado antes: «El fuego se apaga cuando falta madera, y las peleas se acaban cuando termina el chisme» (Proverbios 26:20). Por eso, Pablo instruye a Tito: «Si entre ustedes hay individuos que causan divisiones, dales una primera y una segunda advertencia. Después de eso, no tengas nada más que ver con ellos» (Tito 3:10).

8. Cuando se refiere a las personas en la iglesia donde se congrega, ¿habla de «ellos» en vez de «nosotros»?

La persona resentida o amargada empieza a distanciarse de la congregación cuando dice «ellos» al referirse a otros miembros de la iglesia.

¿Qué sucede en la vida de la gente para que comience a distanciarse de sus propios hermanos en Cristo? La primera vez que noté este fenómeno fue en Venezuela. Una chica soltera adulta tuvo que encargarse de su madre enferma. Por tal motivo, no pudo asistir a las reuniones los domingos por varias semanas. Se ofendió porque nadie la llamó para averiguar por qué no estaba en la iglesia. ¡Ojo!, no le dijo nada a nadie de su situación, pero igual salió ofendida.

Sacamos dos lecciones de este suceso. En primer lugar, si no vamos a estar presentes en la reunión, ya sea el domingo o la célula entresemana, debemos informarlo a alguien. En segundo lugar, si alguien falta a una reunión, es vital comunicarse con la persona durante la semana para averiguar el porqué. El escritor de Hebreos nos da un comentario pertinente: «Pensemos en maneras de motivarnos unos a otros a realizar actos de amor y buenas acciones. Y no dejemos de congregarnos, como lo hacen algunos, sino animémonos unos a otros, sobre todo ahora que el día de su regreso se acerca» (Hebreos 10:24-25).

Además, hay personas que dejan de congregarse debido a un problema. Es algo curioso, pero sucede en todo el mundo: en el momento de más necesidad, algunas personas dan pasos atrás y dejan de congregarse. Hace unos años, la hija de uno de mis coancianos murió repentinamente después de estar enferma solo ocho horas. Él dimitió de su cargo de anciano, su esposa dejó de ministrar en la iglesia y me dijeron: «Necesitamos tiempo para nosotros mismos». Dejaron de asistir a la iglesia por más de dos años porque estaban resentidos con Dios. Cuando por fin volvieron, el hombre me dijo: «Dejar de asistir fue la peor decisión que tomamos en nuestras vidas»[8].

9. ¿Se está alegrando por la desgracia de alguien que lo ha ofendido?

Es una ventana al alma ver cómo responde uno cuando cae un enemigo. La tentación es regodearse por su desdicha, pero eso jamás es la voluntad de Dios. Proverbios 24:17-18 dice: «No te alegres cuando tus enemigos caigan; no te pongas contento cuando tropiecen. Pues el SEÑOR se molestará contigo y quitará su enojo de ellos».

CAPÍTULO 4

MANERAS NO BÍBLICAS DE TRATAR CON LA AMARGURA

El amor es paciente y bondadoso. El amor no es celoso ni fanfarrón ni orgulloso ni ofensivo. [...] No se irrita ni lleva un registro de las ofensas recibidas. No se alegra de la injusticia sino que se alegra cuando la verdad triunfa.

(1 CORINTIOS 13:4-6)

LA AMARGURA ES uno de los pecados más comunes, no solamente en el mundo, sino también entre el pueblo cristiano evangélico. Casi todos hemos sido ofendidos y, una que otra vez, hemos llegado al borde de la amargura. Muchos no han podido superar una ofensa y han dejado crecer una raíz de amargura en el corazón. Debido a que es difícil —por no decir imposible— vivir amargada y a la vez en paz, la persona busca maneras de resolver su problema de amargura y así menguar el dolor; sin embargo, la amargura queda intacta. Para poder extirpar de manera bíblica la amargura del corazón, es vital comprender y desenmascarar las varias formas humanas de intentar solucionar el problema para que no quede otra alternativa que la bíblica.

Vengarse

La manera no bíblica más común de intentar resolver la amargura es tomar venganza. Hace poco escuché una entrevista con un escritor de novelas policiales, quien comentó que solo existen tres motivos para asesinar a una persona: el amor, el dinero y la venganza. En un país asolado por la guerrilla, me comentaron que muchos se aprovechan de tales tiempos para vengarse y echarles la culpa a los guerrilleros. Con razón Pablo exhorta: «Queridos amigos, nunca tomen venganza. Dejen que se encargue la justa ira de Dios. Pues dicen las Escrituras: "Yo tomaré venganza; yo les pagaré lo que se merecen", dice el SEÑOR» (Romanos 12:19).

A pesar de las circunstancias, la Biblia sostiene que jamás es la voluntad de Dios que nos venguemos nosotros mismos. El famoso proverbio «La venganza es un plato que se sirve frío y se come despacio» proviene de una novela del siglo XVIII titulada *Las amistades peligrosas* (*Les liaisons dangereuses*, en el francés original), escrita por un oficial y general del ejército, Pierre Choderlos de Laclos. El refrán demuestra que la venganza exitosa viene cuando una ofensa se ha enfriado y se ha reemplazado por el rencor y el odio.

Julia y Roberto son hermanos; ambos están casados y tienen cuatro y tres hijos respectivamente. Cuando vivían en la casa paterna, sufrían por un padre borracho y perverso. No solo los trató con violencia y con las palabras más degradantes, sino que también se aprovechó sexualmente de sus propios hijos. Pasaron los años y Roberto —ya adulto, herido, con muchos malos recuerdos y una amargura profunda— odia a su padre. ¿Quién lo puede culpar por sentirse profundamente herido? Otra vez, podemos decir que Roberto «tiene razón». Pero superar la amargura no es cuestión de minimizar el pecado de la otra persona ni el daño o la herida, sino de ver qué hacer ahora para magnificar la gracia de Dios.

Buscando alivio, Roberto acudió a un consejero no cristiano que lo ayudó a descubrir la profundidad de su odio y su amargura, y sugirió una solución: la venganza. Durante los últimos años, Roberto ha estado llevando a cabo ese plan de acción. Comenzó con llamadas telefónicas insultando a su padre con las mismas palabras degradantes que este había empleado. Cuando las llamadas dejaron de tener el efecto deseado, comenzó a sembrar veneno en su hermana Julia y los demás familiares para que hicieran lo mismo. No es de extrañar que cada reunión familiar terminara en un espectáculo como de lucha libre. Hoy día, Roberto es un hombre amargado y cada día más infeliz.

Por su parte, Julia —adulta y también herida, y con muchos malos recuerdos, pero sin amargura— ama a su padre. Se convirtió a Cristo y optó por perdonar a su padre e intentar ganarlo para Cristo. Dos personas de la misma familia experimentaron las mismas circunstancias, pero eligieron dos caminos distintos: una, la venganza, y la otra, el perdón.

Cuando una persona intenta vengarse por su propia cuenta, suceden por lo menos tres cosas.

- *Se pone en el lugar de Dios.* De acuerdo con la Biblia, la venganza le pertenece a Dios (Romanos 12:19; Deuteronomio 32:35; Hebreos 10:30). Entonces, la venganza es el pecado de usurpar un derecho que solo le corresponde a Dios. Querer vengarnos por nosotros mismos es asumir una actitud de orgullo, el mismo pecado que causó la caída de Lucifer (Isaías 14:13-14). Por lo tanto, al tratar de vengarnos —aunque tan solo en nuestra mente—, pisamos terreno peligroso.

Por otra parte, la ira de Dios siempre es justa y santa. Pero Dios no actuará hasta que yo deje la situación en sus manos. No puedo esperar de mis esfuerzos una solución que solamente el Dios soberano puede llevar a cabo.

• *Siempre se complica la situación.* La venganza propia provoca más problemas y más enojo; además, envenena a otros y lo deja a uno con la conciencia contaminada.

Cuando Simeón y Leví se enteraron de que Siquem, un heveo, había violado a su hermana Dina, decidieron vengarse. Se valieron de engaños y mentiras para poder masacrar a todos los varones y saquear la ciudad. Podemos ver los problemas que causó la venganza en las palabras de su padre Jacob: «¡Ustedes me han arruinado! Me han hecho despreciable ante todos los pueblos de esta tierra: los cananeos y los ferezeos. Nosotros somos tan pocos que ellos se unirán y nos aplastarán» (Génesis 34:30).

• *Comete un pecado contra el Dios santo.* Debemos seguir los pasos de Cristo: «No respondía cuando lo insultaban ni amenazaba con vengarse cuando sufría. Dejaba su causa en manos de Dios, quien siempre juzga con justicia» (1 Pedro 2:23).

Es una gran lección ver cómo el apóstol Pablo dejó lugar a la ira de Dios cuando dijo: «Alejandro —el que trabaja el cobre— me hizo mucho daño, pero el Señor lo juzgará por lo que ha hecho» (2 Timoteo 4:14).

Minimizar

La segunda manera de intentar solucionar la amargura de una manera humana es minimizar el pecado de la amargura. Uno minimiza un pecado cuando por algún motivo piensa que puede justificarlo. Existen por lo menos tres maneras de minimizar un pecado y así justificarlo:

- *Llamar a un pecado por otro nombre.* Minimizamos un pecado al alegar que es una debilidad, una enfermedad, un desequilibrio químico, el enojo santo o «algo que todo el mundo hace». Hay quienes dicen que no están amargados ni resentidos, sino que son «muy sensibles» y que sus sentimientos se hieren fácilmente. ¡Cuidado! Existe una relación muy íntima entre los sentimientos heridos y la amargura.

- *Disculparse por las circunstancias.* A veces, nos decimos: «En estas circunstancias, Dios no me condenaría por guardar rencor en mi corazón». Básicamente, lo que estamos diciendo es que hay ocasiones en que los recursos espirituales no sirven y nos vemos obligados a pecar. Esto no es nada nuevo; el apóstol Juan se refirió al mismo problema: «Si afirmamos que no hemos pecado, llamamos a Dios mentiroso y demostramos

que no hay lugar para su palabra en nuestro corazón»
(1 Juan 1:10).

• *Culpar al otro.* Esta es, sin duda, la manera más fre-
cuente de eludir la responsabilidad bíblica de admitir
que la amargura es pecado. En realidad, esta práctica de culpar a otro comenzó con la primera pareja.
Eva le echó la culpa de su pecado a la serpiente
(Génesis 3:13), y Adán culpó a Dios cuando dijo: «La
mujer que tú me diste fue quien me dio del fruto»
(Génesis 3:12).

Cuando de amargura se trata, el ser humano generalmente le echa la culpa a la persona que lo ofendió. Sin
embargo, en casos extremos, algunos se resienten contra Dios al decir: «No sé porque Dios me hizo así...»
y «¿Dónde estaba Dios cuando me sucedió esto?».
Proverbios 19:3 afirma: «La gente arruina su vida por
su propia necedad, y después se enoja con el SEÑOR».

Desahogarse

Últimamente se ha popularizado la idea de que «desaho-
garse» sanará la herida. Ahora bien, es cierto que hablar
con otro hermano ayuda a que la persona lleve sus cargas
(Gálatas 6:2); sin embargo, es factible que 1) termine espar-
ciendo la amargura y, como resultado, envenene a otros; o
2) lo conduzca a justificar el pecado de la amargura porque
la persona en quien se descarga contesta: «Tú tienes derecho»; o 3) nunca llega a confesar la amargura como pecado
contra Dios.

Pensar que una disculpa de parte del ofensor es suficiente

Muchos imaginan que el asunto termina cuando el ofensor le pide perdón a la persona ofendida. De acuerdo con la Biblia, efectivamente esto forma parte de la solución porque trae reconciliación entre dos personas (Mateo 5:23-25). Sin embargo, falta reconocer que la amargura es un pecado contra Dios. David dijo: «Contra ti y solo contra ti he pecado; he hecho lo que es malo ante tus ojos» (Salmo 51:4). Solo la sangre de Cristo —no una disculpa— limpia de pecado (1 Juan 1:7). La solución total radica tanto en la relación horizontal (con otro ser humano) como en la vertical (con Dios).

Perdonar a Dios

Después de presentar una conferencia sobre la amargura y el perdón en un congreso para consejeros cristianos, me quedé atónito cuando el siguiente orador, un reconocido psicólogo, explicó que una de las soluciones para la amargura era «perdonar a Dios». Dijo que, cuando una persona no está conforme con su apariencia física o con un suceso que dejó cicatrices emocionales o físicas en su vida, se le aconseja que perdone a Dios por haber permitido que sucediera. Una parte de mi presentación decía lo contrario.

Estoy convencido de que hablar de «perdonar a Dios» es blasfemia. Preste atención a lo que dice Deuteronomio 32:4: «Él es la Roca, sus obras son perfectas. Todo lo que hace es justo e imparcial. Él es Dios fiel, nunca actúa mal; ¡qué justo y recto es él!». Además, Dios es bueno (Marcos 10:18),

Dios es amor (1 Juan 4:8), Dios está lleno de bondad (Éxodo 33:19), Dios es esperanza (Romanos 15:13), Dios es santo (Isaías 6:3), Dios es perfecto (Job 34:12; Hebreos 6:18) y Dios nunca peca (Job 34:10; Hebreos 4:15). Jamás habrá necesidad de perdonarlo.

Pero Dios no siempre hace lo que queremos que haga y, a veces, nos enojamos con él. ¿Qué hacemos entonces? En primer lugar, todo cristiano siempre debe buscar la santa voluntad de Dios. Aun el Hijo de Dios dijo: «Quiero que se haga tu voluntad, no la mía» (Marcos 14:36). Hay varias maneras en que Dios contesta las oraciones de sus hijos. Una es «Sí», y Dios nos da lo que le pedimos. Una segunda es «No», como la que Pablo recibió en 2 Corintios 12:8-10. Un «no» *es* una posible respuesta. Otra manera en que Dios contesta es «Sí, pero no en este momento, sino más tarde». Hay miles de motivos por los cuales «ahora» no es el momento oportuno de Dios. Otra respuesta es «Sí, pero no en la manera que esperas». Puede que no recibamos la respuesta que queríamos, pero podemos confiar en que la respuesta que recibimos es definitivamente la mejor.

El concepto de perdonar a Dios es uno de los intentos del ser humano de crear a Dios a imagen del hombre porque lo simplifica a tamaño humano. Demuestra una total incomprensión de que Dios en su amor tiene múltiples propósitos y lleva a cabo tales propósitos por medio de las experiencias que atravesamos. Si tan solo pudiéramos aprender la siguiente realidad: «Mis pensamientos no se parecen en nada a sus pensamientos —dice el SEÑOR—. Y mis caminos están muy por encima de lo que pudieran imaginarse. Pues así como los cielos están más altos que la tierra, así mis caminos están más altos que sus caminos y mis pensamientos, más altos que sus pensamientos» (Isaías 55:8-9).

Perdonarse a uno mismo

Una de las enseñanzas más atrayentes que se ha deslizado en la cosmovisión cristiana es la idea del autoperdón. «Sí, he perdonado a la persona que me ofendió y he recibido el perdón de Dios por mi parte en el problema, pero no puedo perdonarme a mí mismo», me dijo una persona de mi propia iglesia. También es común oír: «Te falta perdonarte a ti mismo».

Los orígenes de esta enseñanza, ya común, se remontan a los años de la década de los setenta y al movimiento de la autoestima en la arena secular. El autoperdón y la autoestima son similares, ya que tienen un alto concepto de sí mismo en común. En el mundo cristiano, apoyado por lo que se enseña en el mundo secular, se puso énfasis sobre el siguiente pasaje: «Ama a tu prójimo como a ti mismo» (Romanos 13:9), con la idea de que uno no puede amar al prójimo hasta que se ame a sí mismo. Sin embargo, como dice Pablo: «Nadie odia su propio cuerpo, sino que lo alimenta y lo cuida tal como Cristo lo hace por la iglesia» (Efesios 5:29). El problema no es que no nos amamos lo suficiente, sino que nos amamos demasiado.

Una persona que cree que tiene que perdonarse a sí misma ha cometido algún error o pecado; de ahí sale la necesidad del perdón. Para ser libre, todo pecado exige el perdón según la doctrina cristiana sencilla: yo peco y debo ser perdonado (vea Salmo 32:5; 1 Juan 1:9). El problema es que el concepto de perdonarse a uno mismo menosprecia el perdón de Dios, como si no fuera suficiente.

La Buena Noticia que proclamó Jesús fue precisamente el perdón de los pecados a través de él: «Hermanos, ¡escuchen! Estamos aquí para proclamar que, por medio de este hombre Jesús, ustedes tienen el perdón de sus pecados» (Hechos 13:38; vea también Colosenses 1:14). Uno de los motivos principales por los que Jesús vino a la tierra fue para perdonar los pecados. Jesús mismo afirma: «Así que les demostraré que el Hijo del Hombre tiene autoridad en la tierra para perdonar pecados» (Mateo 9:6; vea también Efesios 1:7). El salmista predijo: «Llevó nuestros pecados tan lejos de nosotros como está el oriente del occidente» (Salmo 103:12). Es por eso que el evangelio se llama «la Buena Noticia»: no hay necesidad de perdonarnos a nosotros mismos si ya tenemos el máximo perdón posible.

Miremos el caso del rey David. Sus pecados son bastante contemporáneos: la pasión sexual, el adulterio, el asesinato y la mentira como los encontramos descritos gráficamente en 2 Samuel 11–12. A pesar de cuán terribles fueron estos pecados, la Biblia relata el arrepentimiento del rey y el perdón de Dios en los Salmos 32 y 51.

> ¡Oh, qué alegría para aquellos
> a quienes se les perdona la desobediencia,
> a quienes se les cubre su pecado!
> Sí, ¡qué alegría para aquellos
> a quienes el SEÑOR les borró la culpa de su cuenta,
> los que llevan una vida de total transparencia!

Mientras me negué a confesar mi pecado,
mi cuerpo se consumió,
y gemía todo el día.
Día y noche tu mano de disciplina pesaba sobre mí;
mi fuerza se evaporó como agua al calor del verano.
Finalmente te confesé todos mis pecados
y ya no intenté ocultar mi culpa.
Me dije: «Le confesaré mis rebeliones al SEÑOR»,
¡y tú me perdonaste! Toda mi culpa desapareció.

SALMO 32:1-5

En ninguna parte de la historia encontramos al profeta Natán diciéndole a David que tiene que perdonarse a sí mismo. En lugar de eso, David recibe todo el perdón que necesita de Dios.

Preguntas para reflexión

1. ¿Se ha vengado alguna vez contra alguien que lo ofendió? ¿Qué fue lo que aprendió de tal circunstancia?

2. Si usted fuera a minimizar su amargura, ¿de qué forma la justificaría?

3. ¿Ha tratado de tomar venganza con chismes, con rumores o de alguna otra manera?

4. ¿Cómo le responde usted a una persona que está confundida o hasta resentida porque Dios no actúa como desea?

5. ¿Alguna vez ha sentido la falta de seguridad de que Dios en verdad lo ha perdonado? ¿Cuál fue la razón?

CAPÍTULO 5

SOLUCIÓN PARA LA AMARGURA, 1.ª PARTE:
BUSCAR EL PERDÓN DE DIOS Y DE LA OTRA PERSONA

———————

Líbrense de toda amargura...

(EFESIOS 4:31)

En las próximas páginas, explicaremos la importancia de perdonar al ofensor. Sin embargo, si yo estimara la amargura solamente como algo personal contra la persona que me engañó (me lastimó, me perjudicó con chismes o lo que sea), sería fácil justificar mi rencor alegando que tengo razón porque el otro me hizo daño. Como ya mencionamos, no hay nada más difícil de solucionar que la situación de la persona ofendida que de verdad tiene razón.

Sin embargo, la amargura es un pecado en sí, una mala respuesta de nuestra parte. Cuando estamos resentidos y tenemos amargura en el corazón, igual que David, tenemos que confesársela a Dios: «Contra ti y solo contra ti he pecado»

(Salmo 51:4; vea también el Salmo 32:1-5; Proverbios 28:13; 1 Juan 1:7, 9). Pablo instruye: «Líbrense de *toda* amargura» (Efesios 4:31, énfasis añadido). La Biblia no otorga a nadie el derecho de amargarse.

Ver la amargura como pecado contra Dios

El camino de regreso pasa por el perdón de Dios. El perdón siempre brinda un nuevo principio, una nueva oportunidad. Además, una vez perdonado, uno puede tomar decisiones que agradan a Dios. Entonces empecemos con el Salmo 51, escrito por David cuando el profeta Natán señaló su pecado de inmoralidad. Sugiero que lea todo el capítulo por lo menos dos veces, una vez en la Reina Valera 1960 y la segunda vez en la Nueva Traducción Viviente. Todos los aspectos necesarios para el perdón se encuentran en este capítulo. Voy a mencionar solamente tres:

1. *Reconocer que el resentimiento realmente es pecado*: «Pues reconozco mis rebeliones» (versículo 3). Algo básico del perdón es responsabilizarse por sus propias acciones y hacerse dueño de las mismas (Santiago 1:13-14). No le eche la culpa a otra persona o a las circunstancias como lo hicieron Adán y Eva en el jardín de Edén (Génesis 3:12-13). No hay esperanza para la persona que no quiere reconocer su propia culpa.

2. *Confesar el pecado directamente a Dios*: «Contra ti y solo contra ti he pecado; he hecho lo que es malo ante tus ojos» (versículo 4). *Confesar* significa que la persona está de acuerdo con lo que Dios dice acerca del pecado. El Nuevo

Testamento nos explica que cuando sacamos todo a la luz, la sangre de Jesucristo nos limpia de todo pecado (1 Juan 1:7; Efesios 5:11). Es vital no ocultarle nada a Dios. Solamente cuando saquemos todo a la luz de la Biblia y a la luz de Dios, habrá perdón.

David también dice en el Salmo 32:5: «Finalmente te confesé todos mis pecados y ya no intenté ocultar mi culpa. Me dije: "Le confesaré mis rebeliones al Señor", ¡y tú me perdonaste! Toda mi culpa desapareció». Juan añade: «Si confesamos nuestros pecados a Dios, él es fiel y justo para perdonarnos nuestros pecados y limpiarnos de toda maldad» (1 Juan 1:9).

Tratar de esconder el pecado es un error muy antiguo, y la persona siempre termina peor. Proverbios 28:13 dice: «Los que encubren sus pecados no prosperarán, pero si los confiesan y los abandonan, recibirán misericordia». Entonces confiese sus pecados a Dios franca y abiertamente. Dios hasta se olvidará de sus pecados (Vea Salmo 103:12; Isaías 43:25; Hebreos 10:17).

3. *Arrepentirse:* «Crea en mí, oh Dios, un corazón limpio y renueva un espíritu fiel dentro de mí» (versículo 10). Arrepentirse tiene dos facetas. Primeramente viene el *remordimiento*, como expresa el tono de todo el Salmo 51, especialmente los versículos 16 y 17: «Tú no deseas sacrificios; de lo contrario, te ofrecería uno. Tampoco quieres una ofrenda quemada. El sacrificio que sí deseas es un espíritu quebrantado; tú no rechazarás un corazón arrepentido y quebrantado, oh Dios».

La segunda faceta del arrepentimiento es *cambiar*. Si, dadas las mismas circunstancias, escoge el pecado de nuevo, no ha hecho los «frutos dignos de arrepentimiento» (Lucas 3:8, RVR60). Presentamos un ejemplo de este principio de Efesios 4:23-24, 28: «Dejen que el Espíritu les renueve los pensamientos y las actitudes. Pónganse la nueva naturaleza, creada para ser a la semejanza de Dios, quien es verdaderamente justo y santo. [...] Si eres ladrón, deja de robar. En cambio, usa tus manos en un buen trabajo digno y luego comparte generosamente con los que tienen necesidad».

Miremos ese ejemplo del ladrón. ¿Cuándo deja de ser tal el ladrón? ¿Cuando deja de robar? No necesariamente. Puede darse el caso de que esté en la cárcel o que no tenga necesidad económica en el momento y, por lo tanto, no roba. El versículo 28 dice que el ladrón deja de ser ladrón cuando:

- no vuelve a robar. Por el poder del Espíritu Santo, aprende a decir que no a ese deseo pecaminoso.
- sustituye el viejo deseo por la norma bíblica (encuentra un empleo digno, gana un salario apropiado y comparte con los que tienen necesidad). Hay que establecer nuevas normas de vida para no repetir los pecados si se dan las mismas circunstancias de nuevo.

Después de buscar el perdón de Dios, hay que cambiar y no volver a cometer los mismos pecados. Primero viene el perdón, pero después sigue el cambio, o sea, seguir la norma de vida bíblica para no volver a repetir el pecado. Apocalipsis 2:5 dice: «¡Mira hasta dónde has caído! Vuélvete a mí y haz las obras que hacías al principio».

Recibir el perdón de Dios

Después de reconocer nuestro pecado y confesárselo a Dios, a veces no sentimos que Dios realmente nos haya perdonado. Si no es necesario que nos perdonemos a nosotros mismos, ¿por qué, entonces, algunas personas no se sienten perdonadas aun después de buscar el perdón de Dios?

Algunas personas simplemente no entienden lo grande y completo que es el perdón de Dios. Pablo aclara: «Ustedes estaban muertos a causa de sus pecados y porque aún no les habían quitado la naturaleza pecaminosa. Entonces Dios les dio vida con Cristo al perdonar todos nuestros pecados. Él anuló el acta con los cargos que había contra nosotros y la eliminó clavándola en la cruz» (Colosenses 2:13-14).

Después de una predicación sobre el beneficio de la pureza moral en nuestra iglesia, un muchacho se acercó a mí llorando como un niño. Antes, y aun después de recibir a Cristo, había llevado una vida muy pero muy promiscua. Cuando le pregunté si había recibido el perdón de Dios, exclamó: «Sí, pero no puedo perdonarme a mí mismo». Después de volver a citar pasajes sobre el perdón de Dios, le dije que ese perdón es tan completo y maravilloso que no hacía falta que se perdonara a sí mismo. ¡Su cara cambió de tristeza a alegría de forma inmediata!

Otras personas no se sienten perdonadas porque el asunto que causó la necesidad del perdón no ha concluido. Falta otro paso para que quede terminado: tal vez hay que intentar una reconciliación, buscar el perdón de la persona, hacer una llamada telefónica, hacer restitución o algo por el estilo. Es posible que la mala sensación se deba a ese paso que todavía está por tomar. Dios ha hecho su parte, y ahora nos corresponde hacer la nuestra.

Otros no se sienten perdonados porque piensan que ya no son dignos de Dios y de su perdón. Creen que su pecado es demasiado horrible para el perdón de Dios. Después de provocarse un aborto, una mujer nos escribió porque creía que Dios ya no podía perdonarla. Sin embargo, Juan dice con claridad: «Si confesamos nuestros pecados a Dios, él es fiel y justo para perdonarnos nuestros pecados y limpiarnos de toda maldad» (1 Juan 1:9; vea el Salmo 103:3). Los destinatarios del libro de Hebreos tenían este problema; por tal motivo, el escritor les dijo: «Acerquémonos con toda confianza al trono de la gracia de nuestro Dios. Allí recibiremos su misericordia y encontraremos la gracia que nos ayudará cuando más la necesitemos» (Hebreos 4:16). ¡Cuánta confianza nos da Hebreos 10:17 cuando Dios dice: «Nunca más me acordaré de sus pecados y sus transgresiones»!

Otras personas nunca han respondido de una manera bíblica a los recuerdos de sus pecados. Hay constantes recuerdos de los pecados, bien sean personas, lugares o aun mensajes. Conozco a unas personas que ni siquiera desean asistir a la iglesia porque los mensajes les hacen recordar sus pecados; para otras, lo que provoca los recuerdos son personas o lugares. La persona tiene que aprender cómo responder a un recuerdo o, de lo contrario, terminará en depresión o algo peor. Lo que yo sugiero es que la persona señale a la cruz en el momento que algo le recuerda su pecado. Hemos visto que otra ayuda es enseñar a la siguiente generación (ya sean hijos, nietos o jóvenes de la iglesia) a no repetir el mismo error. Es vital que los mismos recuerdos —personas, lugares, mensajes— sean recuerdos de la maravillosa gracia de Dios (Hechos 20:24; Colosenses 1:6); recuerdos de llevar una vida de rectitud (2 Pedro 1:3) y recuerdos de enseñar a la siguiente generación a no cometer los mismos errores (Salmo 78:4-7).

Otros no pueden soltar su pecado porque no pueden creer que «yo, siendo quien soy [diácono, anciano, líder en la iglesia, un cristiano que lleva cierto tiempo en el Señor, etcétera], cometí ese pecado». Es el orgullo que aparece en escena, y siempre se entromete en la vida. Por orgullo mezclado con vergüenza, la persona no confiesa su pecado a Dios como lo haría un recién convertido. Pedro nos da la solución: «Así que humíllense ante el gran poder de Dios y, a su debido tiempo, él los levantará con honor» (1 Pedro 5:6).

Algunos de nosotros no podemos olvidar nuestros pecados porque no sabemos cómo lidiar con el acusador, Satanás. La Biblia dice que Satanás es «el acusador de nuestros hermanos —el que los acusa delante de nuestro Dios día y noche—» (Apocalipsis 12:10). Nos acusa ante Dios y también acusa a Dios ante nosotros: *Dios se ha olvidado de ti; Dios tiene favoritos, y tú no eres uno de ellos; él no quiere perdonarte; él no puede perdonarte; no hay perdón para un pecado repetido.* Cuando esos pensamientos nos vienen a la mente, es el momento para recordarle al diablo lo que hizo Jesús en la cruz: «Él mismo cargó nuestros pecados sobre su cuerpo en la cruz, para que nosotros podamos estar muertos al pecado y vivir para lo que es recto. Por sus heridas, ustedes son sanados» (1 Pedro 2:24).

Recuerdo una vez cuando estuvimos en El Salvador en

una cruzada evangelística. Una noche, tuve un sueño en el que me apareció una lista de todos mis fracasos, hasta cosas que había dicho treinta años atrás. Me sucedió una sola vez, pero fue más que suficiente. Tuve que recordarle al enemigo que todo eso está en la cruz, perdonado y olvidado (Gálatas 3:13; Hebreos 10:17; 1 Pedro 2:24).

Otro grupo más, el último, cree que tiene que sufrir, purgar sus pecados, pagar a Dios o llevar a cabo algo para hacer las paces con Dios. Falta entender que, aunque no merecemos el perdón de Dios, no hay nada que podamos hacer para ser dignos de ese perdón. Después del maravilloso perdón de Dios, Jesús mismo nos da la pauta: «Vete y no peques más» (Juan 8:11). Lo único que hay que hacer es recibir el perdón de Dios.

Confesar la amargura como pecado contra la otra persona

Casi no hemos mencionado a la persona que causa la ofensa original. Está claro que la responsabilidad de esa persona es pedirle perdón a la persona ofendida. Sin embargo, a veces la persona ofendida tiene que pedirle perdón al ofensor. Cristo mismo nos da la pauta de reconciliación, no importa si usted es el ofensor o el que causó la ofensa: «Si presentas una ofrenda en el altar del templo y de pronto recuerdas que alguien tiene algo contra ti, deja la ofrenda allí en el altar. Anda y reconcíliate con esa persona. Luego ven y presenta tu ofrenda a Dios» (Mateo 5:23-24).

Podría dar muchos ejemplos de ofensas, pero en vez de

centrar nuestra atención en ellas, quiero considerar algunas normas que servirán de guía cuando sea necesario pedir perdón por una ofensa cometida.

En primer lugar, ¿a quién(es) hay que pedirle(s) perdón? Por mi parte, tengo una regla que aplico: «La confesión de pecado o de una ofensa debe ser tan pública como el pecado mismo». Se debe pedir perdón solamente a las personas afectadas. Si se comete un pecado de pensamiento, la norma sería confesárselo a Dios únicamente. Nadie más tiene por qué enterarse. ¡Es un asunto terminado! Si la ofensa abarca a tres personas, hay que ir a las tres.

Un famoso deportista que se había convertido a Cristo vino a verme con un problema peculiar. La gente de su iglesia se estaba alejando de él. Al investigar el problema, fue evidente por qué sucedía. El momento en que este hermano tenía un pensamiento negativo acerca de una persona, iba directamente a la persona a confesárselo y pedirle perdón. No era de extrañar que la gente comenzara a apartarse de él. Debido a que solo ocurrió en su mente, le dije que solo le confesara esos pecados a Dios. Si seguía con problemas de pensamientos pecaminosos, debía acudir a su pastor para recibir ayuda en cuanto a darle control al Espíritu Santo sobre esos pensamientos.

Recuerdo un domingo en Ecuador, cuando un hermano se ofendió y perdió los estribos en el culto matutino de la iglesia y salió gritando. Sin embargo, durante el culto vespertino —mientras yo predicaba— pidió la palabra y humildemente le pidió perdón a toda la congregación. Había ofendido a todos y les pidió perdón a todos (2 Corintios 2:10-11).

La siguiente pregunta es: ¿cómo hacerlo? ¿De qué manera pedir perdón? Si deseamos honrar a Dios y terminar con el asunto de una vez por todas, lo mejor es pedir perdón clara y abiertamente. A veces es aconsejable hasta memorizar las palabras antes de hacerlo para que las emociones no le jueguen una mala pasada. Es sabio también meditar sobre lo que ha ocurrido para tener la certeza de haber identificado la raíz de la ofensa. Recuerdo una vez que tuve que pedirle perdón a mi hijo: «Joel, perdóname por no haber sido justo contigo esta tarde. He confesado mi pecado a Dios y él me ha perdonado, y ahora te pido perdón a ti».

- Al memorizar lo que pensamos decir, debemos asegurarnos de emplear la frase «te pido perdón» en vez de «te pido disculpas», ya que solo «pedir perdón» expresa la seriedad de la ofensa.

- En general, hay que tener cuidado de no disculpar el pecado. Al pedir perdón, para que no dé tanta vergüenza, es común acoplar una frase como: «Perdóname por haberme enojado, pero tú sabes que el tráfico era muy intenso». En consecuencia, el énfasis está sobre el tráfico que dio derecho al enojo, lo cual debilita la confesión al disculpar el mal proceder (vea 1 Juan 1:10).

- También hay que tener cuidado de no usar expresiones tales como: «Lo siento». «Lo siento» suele expresar una emoción que tiene que ver más bien con las consecuencias del problema, mientras que decir «Perdóname» va al meollo del asunto, reconociendo el pecado. Si decimos

«Lo siento», la persona ofendida a veces ni siquiera responde. Pero en cambio, «Te pido perdón; ¿me perdonas?» exige una respuesta y se le da a la otra persona la oportunidad de contestar: «Sí, te perdono».

Un hombre acudió a verme esperando recibir consejos por un problema con su esposa. Después de algunos minutos de conversación, fue más que evidente que este señor no había estado honrando a su esposa ni viviendo con ella «con entendimiento» (1 Pedro 3:7). Era preciso que le pidiera perdón a su señora por ofensas acumuladas durante los once años de matrimonio. Cuando volvió la semana siguiente, le pregunté cómo le había ido, y no me contestó. Sospechando algo, le pregunté: «Dime textualmente cómo le pediste perdón». Me respondió que había dicho: «Lo siento mucho».

- Otra frase similar, e igualmente ambigua, que debemos evitar es: «Perdóname si te he ofendido» (1 Samuel 25:28). El *si* (condicional) extirpa la posibilidad de pedir perdón de corazón.

Años atrás, en nuestra oficina en México, las secretarias a menudo se enfrentaban al creciente problema de ciertos hombres que se aprovechaban del amontonamiento de gente en los medios de transporte público para tocar a las chicas. El tema era: ¿qué puede hacer una señorita cristiana frente a una situación así? Nunca llegamos a una conclusión final, pero por lo menos sacamos algunos pasos preliminares. Un día llegué un poquito tarde a la oficina y encontré a mi secretaria llorando. Nunca me contó todos los detalles, pero cuando ella iba entrando en el ascensor de la oficina, un hombre la había manoseado y había expresado sus bajas intenciones.

—Lo peor —exclamó—, es que el sinvergüenza está todavía parado enfrente de la oficina.

Nos asomamos por la ventana, y el contador declaró:

—Lo conozco; es el chofer del jefe administrativo del cuarto piso.

Les anuncié a todos:

—Esta vez no vamos a pasarlo por alto; vamos a hacer algo.

Junto con tres compañeros, bajamos para confrontarlo. Lo llamamos al pasillo y con firmeza le dijimos:

—Usted se comportó como un grosero con una de nuestras secretarias esta mañana. Queremos advertirle que somos hombres cristianos y respetamos a las mujeres, así que, si algo similar vuelve a suceder, le informaremos a su jefe directamente y quizá usted pierda su empleo.

Inmediatamente salió con un pretexto:

—¿Yo? No puede ser. Soy un hombre casado; tengo tres hijos y mi esposa está en el hospital.

No tenía mucho que ver el hecho de que su esposa estuviera en el hospital, pero comenzamos a pensar que tal vez no era él. Entonces pedí que bajara mi secretaria. Cuando la vio, el hombre se puso pálido y nos dijo textualmente:

—Les quiero pedir perdón *si fui yo*.

¿Qué es lo que expresó? ¡Absolutamente nada! La pequeña palabra «si» debilita la acción de pedir perdón hasta tal punto que casi le echa la culpa al otro.

- No hay que dar sermones. Cuando alguien está pidiendo perdón, no es el momento para echar un sermón o discurso. Es tan humillante tener que pedir perdón que el ser humano haría cualquier cosa para mitigar la mortificación. Una táctica de la naturaleza humana es, después de pedir perdón, ir al ataque: «Te pido perdón, pero ¿sabes una cosa?, he visto algunos defectos en tu vida y me gustaría aprovechar la ocasión para traerlos a la luz».

Hace un tiempo, hubo una riña entre dos amigos míos, a quienes llamaremos Manolo y Pedro. Era evidente que Pedro tenía que pedirle perdón a Manolo. Después del encuentro, le pregunté a Manolo cómo le había ido con Pedro, si habían o no arreglado el asunto. «Sí —me contestó, aunque su tono de voz indicaba que no estaba muy contento. Continuó entonces—: Hablamos cuarenta y cinco segundos acerca de las ofensas de él, me pidió disculpas y luego me reprendió por mis defectos durante cuarenta y cinco minutos». Obviamente Pedro quería suavizar el golpe infligido a su ego y atacó a Manolo. No solucionó la situación.

Hay que humillarse (1 Pedro 5:5-6), pedir perdón y, si hay pecado en la vida de la otra persona, hay que dejarlo en las manos del Señor (1 Pedro 5:7). Pablo dice en Romanos 12:17-18: «Nunca devuelvan a nadie mal por mal. Compórtense de tal manera que todo el mundo vea que ustedes son personas honradas. Hagan todo lo posible por vivir en paz con todos». Tengo que hacer lo que Dios espera de mí y entregarle al Señor las reacciones y el comportamiento de otros.

• Es importante esperar una respuesta. Cuando uno pide perdón, es como si estuviera muriendo un poco y, por lo tanto, se merece una respuesta.

Una vez, en un país sudamericano durante una de nuestras cruzadas, sin quererlo, ofendí a un hermano y tuve que pedirle perdón. A causa de la ofensa, este pastor había abandonado la cruzada juntamente con su iglesia y la denominación que presidía. Cuando me enteré de la situación, fui a su casa junto con dos de mis colegas para pedirle perdón. Cuando llegamos, ni siquiera quería atenderme. Después de un pequeño saludo, le pedí perdón directamente, aceptando la culpa. No me respondió, razón por la cual lo agarré de los brazos y le insistí:

—¿Me vas a perdonar o no?

Me contestó:

—Sí, Jaime, te perdono.

Al instante, volvió la alegría a su cara.

Es posible que tenga que demostrar «con su forma de vivir que se [ha] arrepentido de sus pecados» (Mateo 3:8) antes de que la persona ofendida devuelva la confianza a su ofensor, pero por lo menos se puede perdonar y recibir perdón.

• Es una buena idea seleccionar la hora y el lugar para aprovechar un buen momento (Proverbios 15:23). Para poder terminar con el asunto de una vez por todas, siempre hay que seleccionar cuidadosamente bien tanto la hora como el lugar. Es importante apartar suficiente tiempo para efectuar una reconciliación completa (Proverbios 14:9). Para que esto acontezca, requiere de un lugar en que no haya interrupciones, en un ambiente que apoye una reconciliación. Por ejemplo, el pasillo de la iglesia después del culto, por lo general, no sería apropiado.

El evangelista Mike Silva cuenta la historia de cómo quitó la amargura de su propia vida. Describe las circunstancias de esta manera:

> Perdí mi paz a los seis años de edad cuando mataron a mi padre en un accidente automovilístico. ¡Un borracho sacó a mi padre de mi vida!
>
> Como muchos, crecí en un hogar con una madre soltera. Mi madre estaba sola, éramos pobres y la vida era muy difícil. Entiendo qué tan doloroso es vivir de esta manera. Personalmente, me sentía solo y estaba enojado, incluso crecí con enojo, resentimiento y rencor en mi corazón. Deseaba paz en mi vida, pero no sabía cómo encontrarla. ¡No tenía ni idea de por qué estaba aquí en la tierra; por qué estaba viviendo; me sentía desesperado; me sentía vacío; me sentía perdido![9]

La agonía, el enojo y la amargura siguieron en la vida de Silva hasta que alcanzó los diez años de edad, cuando recibió a Cristo. Durante los años siguientes, lidió con sentimientos profundamente arraigados: el enojo, el resentimiento, el odio y la amargura.

Con el tiempo, Mike Silva pudo perdonar al hombre que lo dejó huérfano de padre. Pero el paso final fue cuando Mike encontró al hombre (no fue fácil) y se presentó un día en el taller mecánico donde este reparaba autos. Mike entró, le anunció quién era y le pidió perdón por todos los años de rencor. Durante la conversación, también le dijo que lo había perdonado por lo que sucedió años atrás.

Al pedirle perdón al hombre contra quien sentía amargura, Mike trajo alivio a su alma y se acercó más a Dios.

Preguntas para reflexión

1. ¿Hay algo que tenga que confesarle a Dios en este momento? Sugiero que lea 1 Juan 1:8-10.

2. ¿Hay perdón para el pecado repetido? Después de repetir el mismo pecado una y otra vez, ¿qué se debe hacer?

3. ¿Siente usted el perdón de Dios cuando le confiesa su pecado? Si no, ¿por qué cree que podría ser?

4. Piense en la última vez que tuvo que pedirle perdón a otra persona. ¿Solucionó el problema? ¿Hubo una reconciliación? ¿Qué querrá, repetirlo o no repetirlo la próxima vez que se encuentre en esa situación?

5. ¿Por qué cree que Mike Silva sintió la necesidad de pedirle perdón al hombre que mató a su padre en vez de simplemente perdonarlo?

6. Santiago dice: «Confiésense los pecados unos a otros y oren los unos por los otros, para que sean sanados» (5:16). ¿Cuándo es una buena idea confesar un pecado a otro ser humano y no solamente a Dios?

CAPÍTULO 6

SOLUCIÓN PARA LA AMARGURA, 2.ª PARTE:
PERDONAR AL OFENSOR

---

*Perdónanos nuestros pecados, así como hemos
perdonado a los que pecan contra nosotros.*

(MATEO 6:12)

HACE TIEMPO, una mujer de cuarenta y tres años vino a hacernos una consulta. Hacía veintitrés años que estaba en tratamiento médico y psiquiátrico por su depresión. Tenía una triste historia que cada vez escuchamos con más frecuencia: el padre de esta mujer se había aprovechado de ella desde los cinco hasta los catorce años de edad. Tiempo después, ella recibió al Señor como Salvador de su vida, lo cual le trajo alivio por un tiempo, pero después volvió a caer en un estado depresivo. Vino a verme como último recurso. Al investigar el problema, descubrimos varios asuntos que se debían solucionar; entre ellos, como era comprensible, había un profundo resentimiento hacia su padre. ¿Cómo ayudar a esta pobre mujer y a los miles que cuentan con experiencias similares? ¿Qué hacemos cuando nos enfrentamos cara a cara con la tentación de guardar rencor, de vengarnos, de pasar chismes, de formar alianzas, de justificar nuestra actitud porque tenemos razón?

En el mismo contexto en que Pablo nos exhorta a librarnos de toda amargura, nos explica cómo hacerlo: «Perdónense unos a otros, tal como Dios los ha perdonado a ustedes por medio de Cristo» (Efesios 4:32; vea también Proverbios 17:9; 19:11; Mateo 18:21-22; Lucas 17:3-4; Colosenses 3:13; 1 Pedro 4:8). Tanto en mis libros como en mis mensajes, sigo una norma: no emplear ejemplos que no haya vivido en carne propia. Sin embargo, hay un incidente que me tocó tan profundamente que me parece que vale la pena romper la regla.

El 15 de junio del 2015, Dylaan Roof, de apenas veintiún años, entró en una iglesia en la ciudad de Charleston, Carolina del Sur en EE. UU. Los congregantes, todos afroamericanos, estaban estudiando la Biblia y le dieron la bienvenida a Roof, un blanco. No obstante, Roof no había llegado para estudiar la Biblia, sino para matar a la máxima cantidad de gente que le fuera posible porque pertenecía a un grupo de la supremacía blanca. Ese día mató a nueve personas, incluyendo a dos pastores de la iglesia y a un senador estatal. Este joven tenía intenciones muy claras: comenzar una guerra racial. No es de sorprender que muchos de los parientes de las víctimas estuvieran llenos de furia contra Roof y, por ende, contra los blancos en general.

La historia no termina con la muerte de nueve seguidores

de Cristo, ni con el juicio y la condena a la pena de muerte de este joven tan lleno de rabia. Lo que sorprendió a todos fue la actitud de varios de los parientes de las víctimas. Melvin Graham, hermano de una de las personas asesinadas, dijo: «El odio que tienes supera a la comprensión humana. Tu deseo era ver a las personas matándose una a la otra. Sin embargo, en vez de comenzar una guerra racial, comenzaste una guerra de amor». Cinco miembros de las familias de las víctimas le ofrecieron su perdón a Roof. La cuñada de uno de los muertos ofreció orar con Roof antes de que fuera a la prisión.

Hay veces cuando es muy difícil perdonar, pero cuando lo que Cristo hizo en la cruz cautiva nuestro corazón, es más fácil: «Sean comprensivos con las faltas de los demás y perdonen a todo el que los ofenda. Recuerden que el Señor los perdonó a ustedes, así que ustedes deben perdonar a otros» (Colosenses 3:13).

Pero ¿qué es perdonar? ¿Cómo se ve en la vida diaria? ¿Cuándo tengo que perdonar?

El perdón no es tolerancia

El perdón no significa tolerar el pecado ni a la persona que cometió la ofensa; tampoco es fingir que la maldad no existe ni es intentar pasarla por alto. Tolerar es *consentir, aguantar, no prohibir* y está lejos de ser el perdón bíblico. Aguantar es pasivo, mientras que perdonar es activo. Cuando la Biblia habla del perdón en el griego original, esta palabra literalmente significa *enviar fuera, despedir, enviar lejos*. Cuando alguien perdona, activamente envía *lejos* el rencor;

es decir, entrega todas sus preocupaciones y ansiedades en las manos de Dios (1 Pedro 5:7), las deja allí y se rehúsa a sacarlas a relucir.

Francisca vino a Cristo casada con un inconverso, un hombre difícil de soportar. Ella leyó 1 Pedro 3:1-7 y quedó impactada por una frase del versículo 1: «Podrá ser convencido sin que se le tenga que decir una sola palabra» (PDT). Por lo tanto, tomó la decisión de no pagarle con la misma moneda, sino tolerarlo con la boca cerrada. A veces era muy difícil, pero mantenía la boca cerrada, empleando todas sus fuerzas mentales y físicas. Estaba tan decidida a mantener la boca cerrada que terminó sufriendo del síndrome de la disfunción de la articulación temporomandibular (ATM). Entonces fue cuando ella se me acercó para hablar del tema. Estudiamos el pasaje de 1 Pedro 3 con cuidado y sacamos varias conclusiones. Una de las más importantes fue que, como «ayuda idónea» (Génesis 2:18, RVR60), ella tenía que ser consejera de su esposo y no simplemente mantener la boca cerrada. Además, era la conducta casta y respetuosa de ella que Dios iba a usar para ganar a su esposo para Cristo (1 Pedro 3:2).

Ella cambió totalmente su trato con su esposo. Él era camionero urbano, y ella le preparaba su almuerzo todos los días para que lo llevara consigo en el camión. Primero, ella lo perdonó —en vez de simplemente tolerar su tratamiento con la boca cerrada— y luego comenzó a actuar como una verdadera esposa entregada a Dios. De forma inmediata, volvió la alegría de su vida cristiana. Entre otras cosas, hizo una lista de las virtudes de su marido y le agradeció a Dios por cada una de ellas (vea 1 Tesalonicenses 5:13). Comenzó a buscar maneras prácticas de demostrarle a su marido todo su aprecio y su afecto. Se valió de notas metidas en su almuerzo, de agradecimiento verbal, de actitudes y expresiones no verbales, de llamadas telefónicas, etcétera.

Algunos de los resultados son los siguientes: se solucionó el problema de ATM de Francisca y, con el tiempo, ese hombre rudo e inculto recibió a Cristo, y el Señor lo transformó en un hombre compasivo y lleno de amor.

El perdón no es simplemente olvidar

Olvidar una ofensa es prácticamente imposible. El resentimiento tiene una memoria como una grabadora, pero aún mejor, porque la grabadora repite lo que fue dicho, mientras que el resentimiento hace que, con cada vuelta, la pista se vuelva más profunda. La única manera de apagar la grabadora es por medio del perdón.

Después de una conferencia sobre la amargura, una dama me preguntó: «Si el incidente vuelve a mi mente una y otra vez, ¿significa que no he perdonado?». Es posible que tuviera razón: ¡no había perdonado! Recordemos que «el corazón humano es lo más engañoso que hay, y extremadamente perverso» (Jeremías 17:9). Es lógico que permanezcan los profundos sentimientos negativos asociados con una ofensa, y esos normalmente no se borran con el olvido. Sin embargo, podemos liberarnos del agarre de esos sentimientos por medio del perdón.

Volvamos al caso de la mujer que durante veintitrés años

había estado en tratamiento psiquiátrico a causa del abuso de su padre. Después de aclarar lo que no es el perdón, y luego de hablar sobre los beneficios que el perdón produciría, le expliqué que ella tenía que perdonar a su padre según Marcos 11:25: «Cuando estén orando, primero perdonen a todo aquel contra quien guarden rencor, para que su Padre que está en el cielo también les perdone a ustedes sus pecados».

Su respuesta inmediata fue:

—Ya lo he hecho.

Pero era obvio que estaba llena de rencor y amargura. Mi siguiente pregunta fue:

—¿Cuándo y cómo lo hizo?

Su contestación ilustra otra manera en que el ser humano evita asumir responsabilidad ante el Señor. Me dijo:

—Muchas veces le he pedido al Señor Jesús que perdonara a mi padre.

Es posible que la mujer aún no entendiera lo que Dios esperaba con respecto al perdón, o tal vez fuera su manera de no cumplir con una tarea difícil y vergonzosa. Con paciencia, volví a explicarle lo que es el perdón y, finalmente, ella inclinó la cabeza y comenzó a orar. Pronto vimos lágrimas en sus ojos y perdonó a su padre de corazón. Al día siguiente, regresó para una consulta y se le veía con un gran alivio, con esperanza y como una persona nueva.

Es importante recordar que también hay quienes desean recordarnos nuestros incidentes dolorosos del pasado. En primer lugar está Satanás, que trabaja día y noche para acusar a los hermanos en Cristo a fin de causar divisiones (Apocalipsis 12:10; 2 Corintios 2:11). En segundo lugar, aquellos que fueron contagiados por su amargura no querrán que usted olvide el incidente; aquellos a quienes usted mismo infectó y, como resultado, tomaron sobre sí la ofensa. (Por lo general, para ellos es más difícil perdonar porque recibieron la ofensa por terceros. Por lo tanto, no se sorprenda cuando sus amigos, a quienes usted envenenó con su amargura, se enojen con usted cuando, por la gracia de Dios, perdona al ofensor y está libre de dicha amargura). Finalmente, hay una tercera categoría de persona que saca a relucir el pasado: nosotros mismos en lo que la Biblia llama nuestra vieja naturaleza (Romanos 7:5).

Los mexicanos emplean la frase «la cruda» —en partes de Centroamérica se llama «la goma» y, en otras partes, «la resaca» o «el guayabo» o «el ratón»— para referirse a los efectos de la borrachera al día siguiente. En cierto modo, es posible tener una *cruda espiritual* que requiere de tiempo hasta que ya no moleste. Me refiero a ciertos hábitos o maneras de pensar que son difíciles de romper, incluso después de convertirnos a Cristo.

Sin embargo, si la persona en verdad ha perdonado, cada vez que el incidente viene a su memoria, de forma inmediata, debe recordarle a Satanás y recordarse a sí misma que eso está en las manos de Dios, y es un asunto terminado.

El perdón debe marcar un punto final

Aunque perdonar no es simple olvido, sí implica soltar la ofensa de una vez por todas. No se trata de amnesia espiritual, sino de sacar el veneno y sanar la herida. Una vez que la persona haya perdonado, le será posible olvidar la ofensa.

Perdonar es la única manera de arreglar el pasado. No

podemos alterar los hechos ni cambiar lo ocurrido, pero podemos olvidar, porque el verdadero perdón ofrece esa posibilidad. Una vez que haya perdón, olvidar significa:

- Rehusarse a sacar a relucir el incidente ante las otras partes involucradas.
- Rehusarse a mencionarlo ante cualquier otra persona. (Es vital dejar de hablar de lo que sucedió).
- Rehusarse a desenterrarlo.
- Rehusarse a usar el incidente en contra de la otra persona (directamente o en conversaciones con otros).

El olvido es un acto de la voluntad humana movida por el Espíritu Santo (Filipenses 3:13). Una vez que hayamos perdonado y soltado la ofensa por medio del acto de la voluntad, aún es posible ser proactivo y actuar en el *espíritu opuesto*. Pablo nos explica cómo hacerlo: «"Si tus enemigos tienen hambre, dales de comer. Si tienen sed, dales de beber. Al hacer eso, amontonarás carbones encendidos de vergüenza sobre su cabeza". No dejen que el mal los venza, más bien venzan el mal haciendo el bien» (Romanos 12:20-21). Jesús amplía el concepto: «¡Amen a sus enemigos! Hagan bien a quienes los odian. Bendigan a quienes los maldicen. Oren por aquellos que los lastiman» (Lucas 6:27-28).

El perdón no absuelve al ofensor

Es posible que el ofensor todavía tenga que enfrentar cualquier pena correspondiente a su pecado, pero el castigo está en las manos de Dios o, quizá, de la ley humana. El salmista nos asegura: «El SEÑOR da rectitud y hace justicia a los que son tratados injustamente» (Salmo 103:6).

Presenté estos principios por primera vez en una iglesia donde no solamente varios de los feligreses estaban resentidos, sino también el mismo pastor. Después del mensaje, el pastor dividió a su pequeña congregación en grupos de cinco o seis personas para dialogar sobre el tema. Me tocó estar en un grupo que incluía a una pareja y a su hijo adolescente. De forma inmediata, noté la total falta de alegría del Señor en aquella familia. Durante los veinte minutos que tuvimos para compartir, me preguntaron cómo era posible quitar la amargura del corazón por un gran mal que alguien había cometido. Resultó que el hijo mayor había entrado en el mundo de las drogas, aunque sus padres eran cristianos. Un día, no tuvo suficiente dinero para pagar por su dosis regular, y el proveedor lo mató. Desde aquel momento, la amargura había estado carcomiendo a toda la familia, y alegaban que era imposible perdonar. Ellos creían que perdonar significaba absolver a los asesinos del crimen.

Mucha gente piensa que, si perdona, la otra persona queda absuelta de su delito. Estuvimos en una conferencia de pastores en un país sudamericano. Ya había dado mi último mensaje y estaba parado atrás cuando se me acercó una mujer. Su esposo había estado en la cárcel por abuso sexual de menores y acababa de salir; ya estaba de vuelta en su casa. La señora, una cristiana y miembro de una de las iglesias locales, no sabía qué hacer porque su esposo mantenía relaciones sexuales con una niña de trece años, hija de una vecina. Según la esposa, su marido le daba dinero a la madre de la chica para tener el derecho de tener sexo con su hija. «No sé qué hacer. ¿Perdonarlo o denunciarlo?». Yo le dije que primero tenía que perdonarlo y luego denunciarlo. El castigo y el perdón son dos cosas distintas; el castigo no borra la necesidad del perdón, y el perdón no absuelve al ofensor del castigo que le corresponde.

El perdón no depende del mérito o del conocimiento del ofensor

El perdón no absuelve al ofensor, y tampoco es un recibo que se da después de que el ofensor ha pagado. Si no perdonamos hasta que la otra persona lo merezca, estamos guardando rencor. Mi esposa y yo intentamos ayudar a una pareja en la cual cada uno esperaba que la otra persona cambiara primero. Esto es simplemente rehusar el llamado de Dios a perdonar. No se trata de si la otra persona lo merece o no. A veces, sucede que el ofensor nunca recibe el castigo que se merece y nunca se arrepiente, pero eso no debe impedir lo que desea Dios: nuestro perdón.

De hecho, tener que perdonar un gran mal cuando el ofensor no lo merece representa una excelente oportunidad para entender mejor cómo Cristo nos perdona y nos da la oportunidad de enseñarles a nuestros hijos y a otros cómo perdonar (Efesios 4:32; Colosenses 2:13).

En realidad, el perdón ni siquiera tiene que ser un hecho conocido por el ofensor. En muchos casos, el ofensor ha desaparecido o ha muerto, pero el rencor continúa en el corazón de la persona herida. El padre de la mujer que pasó veintitrés años en terapia había muerto unos años antes, pero la amargura seguía consumiéndola. Su perdón no estaba limitado por la falta de conocimiento de su padre.

El perdón trae beneficios a nuestra vida

Entre los muchos beneficios que trae, encontramos los siguientes: tener la conciencia sin mancha (Hebreos 13:18); poder tomar decisiones sabias (Proverbios 2:11); gozar de la paz de Dios que supera todo lo que podemos entender (Filipenses 4:7); experimentar el perdón de Dios (Marcos 11:25); disfrutar de relaciones restauradas con otras personas (Proverbios 17:9); aprender cómo Dios pudo perdonarnos a nosotros (Romanos 5:8); ayudar a conciliar el sueño y dormir profundamente (Proverbios 3:21-24); además de quitar el resentimiento, el rencor y el ardiente deseo de vengarse.

Recuerdo el caso de una señora que me dijo con lágrimas en sus ojos que su esposo había abandonado el hogar y se había ido a vivir con otra mujer de la iglesia. Durante la conversación, me confesó: «Lo he perdonado. Hay y habrán muchas lágrimas, dolor y tristeza, pero rehúso terminantemente a llegar al fin de mi vida como una vieja amargada». Su esposo consiguió el divorcio y se casó por el civil con la otra mujer. Por su parte, esta señora pudo tomar una serie de decisiones sabias. Se fue a vivir cerca de los abuelos de sus hijos para que los muchachos tuvieran la figura de un hombre en su vida. Además, encontró una buena iglesia para ella y sus hijos. Podía hablar acerca de su esposo —el padre de los tres muchachos— con respeto y sin amargura. Ahora, años más tarde, ella sirve a Dios de todo corazón, y sus hijos aman al Señor y oran para que su padre un día regrese al camino de Dios.

El perdón debe ser pronto y continuo

Hay que perdonar lo más pronto posible antes de que la amargura y sus compañeros tengan tiempo para echar raíces en el corazón (Lucas 17:4). Una vez, estando en la República Dominicana, me picó una araña durante la noche. Tuve una reacción alérgica y me quedé afectado por meses. Ahora bien, si hubiera podido sacar el veneno antes de que se extendiera por todo mi cuerpo, habría quedado una pequeña cicatriz, y no habría habido una reacción tan aguda. Algo semejante sucede con el perdón. Hay que perdonar lo más pronto posible antes de que nuestra mala reacción eche raíces en el corazón.

El perdón también debe ser continuo. La Biblia indica que debemos perdonar continuamente (Mateo 18:22); perdonar hasta que se convierta en una norma de vida. Uno de los casos más difíciles es cuando la ofensa es continua, como en el caso de esposo/esposa, patrón/empleado, padre/hijo, etcétera. Es entonces cuando el consejo del Señor a Pedro en Mateo 18:21-22 cobra aún más importancia:

> Luego Pedro se le acercó y preguntó:
> —Señor, ¿cuántas veces debo perdonar a alguien que peca contra mí? ¿Siete veces?
> —No siete veces —respondió Jesús—, sino setenta veces siete.

El perdón es una responsabilidad hacia nuestros hermanos en la fe

Al finalizar su libro —bajo la inspiración del Espíritu Santo—, el escritor de Hebreos exhorta a todos los creyentes a estar alerta. El versículo que advierte sobre la raíz de amargura comienza con: «Cuídense unos a otros» (Hebreos 12:15). En el griego original, «cuídense» es la palabra *episkopeo*, de donde procede el término obispo o sobreveedor. Esto implica que, en el momento en que una persona detecta que una semilla de amargura se ha sembrado en el corazón de un hermano en Cristo, tenemos la responsabilidad de acercarnos a la persona con ternura y humildad (Gálatas 6:1) y hacer todo lo posible para desarraigarla antes de que germine.

Se requiere un compromiso profundo con Dios a fin de no caer en la trampa de la amargura. Cristo mismo nos dará los recursos para vivir libres del «pecado más contagioso».

Cada cristiano debe establecer la santidad como meta en su vida

El escritor de Hebreos, dentro del contexto de la raíz de la amargura, exhorta: «Esfuércense por vivir en paz con todos y procuren llevar una vida santa, porque los que no son santos no verán al Señor» (12:14). Como en todos los casos de pecado, más vale prevenir que tener que tratar con las consecuencias devastadoras que el pecado siempre deja como herencia. La mejor manera de prevenir la amargura es procurar vivir en paz y llevar una vida santa, que hacemos al asumir un compromiso con Dios para ser santos (puros), pase lo que pase (1 Pedro 1:15). Cuando sobrevienen situaciones que lastiman nuestros sentimientos y producen el rencor y las demás actitudes que forman el círculo íntimo de la amargura, debemos decir: «He hecho un pacto con Dios de ser santo, como él es santo. Aunque la otra persona tenga la culpa, de forma inmediata, entregaré la situación en manos de Dios, perdonaré al ofensor y buscaré la paz».

Observe la diferencia entre la actitud de David y la de su ejército cuando volvieron de una batalla (1 Samuel 30). Encontraron la ciudad asolada y sus familias llevadas cautivas. En vez de buscar el consuelo de Dios y, por ende, su sabiduría, los hombres de David se propusieron a matarlo: «David ahora se encontraba en gran peligro, porque todos sus hombres estaban muy resentidos por haber perdido a sus hijos e hijas, y comenzaron a hablar acerca de apedrearlo» (1 Samuel 30:6).

En contraste, la Biblia explica que «David encontró fuerzas en el Señor su Dios» (1 Samuel 30:6).

En ningún momento es nuestra intención minimizar el daño causado por una ofensa —David y su gente experimentaron un ultraje horrible—, pero nuestro deseo es magnificar la gracia de Dios (Romanos 5:15; Colosenses 1:6) para consolar a las personas heridas y ayudarlas a perdonar.

En un caso demasiado común, un joven cristiano terminó con su novia para andar con otra chica. La exnovia estaba muy herida, lo que la condujo al resentimiento; le faltaba poco para llegar a una profunda amargura cuando entró en su vida el concepto del perdón. Ella cuenta el resto de su historia: «Me di cuenta de que tengo que permitirle a Dios que haga una limpieza total en mi vida, porque sí he sentido resentimiento. Llegué a pensar que yo no valía nada, y por eso este joven eligió a otra persona. Ahora soy líder de jóvenes en una iglesia y también tesorera; me encanta trabajar con los jóvenes, amo hablar con Dios y últimamente siento que estoy volviendo a hacer lo que me apasiona». El perdón le permite a Dios obrar en nuestra vida y nos encamina hacia la meta de la santidad.

Durante una sesión de preguntas y respuestas, alguien objetó: «Me dijeron en mi iglesia que está bien guardar rencor si la otra persona no ha pedido perdón». Repito, la Biblia no le otorga a nadie el derecho de guardar rencor, resentimiento o amargura. Jesús mismo dice: «Perdonen a otros, y ustedes serán perdonados» (Lucas 6:37).

Recuerde que la idolatría es la raíz detrás de la amargura. En vez de postrarnos ante el Dios de la Biblia, buscando la solución divina, nos postramos ante nuestros propios recursos y nuestros propios deseos. El ídolo es el propio «yo» (1 Juan 5:21). Pero si nos humillamos, perdonamos al ofensor y dejamos la justicia en manos de Dios, podemos evitar que la amargura nos separe de la santidad de Dios.

Como dice Pablo en su carta a los corintios: «Queridos amigos, dado que tenemos estas promesas, limpiémonos de todo lo que pueda contaminar nuestro cuerpo o espíritu. Y procuremos alcanzar una completa santidad porque tememos a Dios» (2 Corintios 7:1).

EPÍLOGO

HÉCTOR PARDO, exrevolucionario colombiano transformado por el poder de Cristo, cuenta vívidamente en su biografía lo que es tener que enfrentar su propio corazón. La sangrienta guerra civil en Colombia duró cincuenta años, y Pardo es hijo de uno de los ideólogos de las guerrillas.

En los años de la década de los cincuenta, el gobierno declaró una amnistía general en la que todos podrían rendir las armas sin represalias. Una vez que los guerrilleros y los demás grupos comenzaron a gozar de la amnistía, el gobierno se aprovechó de la situación y atacó a los revolucionarios ya desarmados. Murieron muchos amigos de Pardo y de su familia, lo cual llenó a Héctor de rabia y amargura. Años más tarde, Pardo, ya cristiano y pastor de una iglesia influyente en Bogotá, recibió una invitación del pastor Luis Vásquez, uno de sus discípulos, para ir junto con otros pastores a la casa del General López Pineda. La historia continúa en la biografía de mi amigo, el pastor Héctor Pardo:

A la hora acordada, seis hombres, con sus Biblias debajo del brazo, se encontraron en la casa del general. A esa hora, el sitio servía al equipo para dictar las estrategias de campaña en busca de la presidencia de la República.

El pastor [Pardo], sentado tan lejos como podía, observaba al general dando la bienvenida a su casa. Sin esperar más, Luis Vásquez tomó la palabra y, en medio de los asesores, levantó la voz para explicar escuetamente las razones de su visita.

—Venimos a hablarle de Cristo, general —aseguró, mirándolo fijamente—. Es tiempo de arrepentirse. La Biblia dice: «Porque de tal manera amó Dios al mundo, que ha dado a su Hijo unigénito, para que todo aquel que en él cree, no se pierda, mas tenga vida eterna».

Mientras hablaba, el pastor lo miraba incómodo, sintiendo desacertado el tono utilizado frente a este singular auditorio y pensando que su discípulo equivocaba el mensaje. Pero Vásquez no se detenía. Sin pensarlo dos veces, lanzó un desafío, señalando al general, el mismo general protagonista de un golpe de estado y, además, promotor de una «amnistía» que cubrió de sangre al país.

—General, si quiere aceptar a Cristo, levántese ahora —lo instaba Vásquez.

En ese momento el general se levantó de la silla. Otros dos integrantes de su equipo de campaña hicieron lo mismo.

El pastor observaba desde lejos pensando: «¡Qué hipócrita este tipo!».

Incrédulo lo juzgaba. Para él, el general, puesto en pie, no era más que el enemigo de su infancia, vestido ahora de candidato presidencial.

Pero ignorando estos pensamientos, Vásquez continuó:

—Arrodíllese para que pueda orar por usted, si quiere conocer a Cristo.

Sin decir ni una palabra, el pastor seguía la escena con total escepticismo mientras se decía: «Luis no puede entender, este hombre quiere nuestros votos; no le importa lo que le estamos diciendo, ni la fe, ni Jesucristo, ni ningún mensaje».

Pero, cuando volvía a traer a su memoria el odio alimentado durante tantos años por los muertos de la violencia, oyó la voz de Vásquez llamándolo desde el centro de la sala:

—Pastor Pardo, venga a orar por el general.

Pero él se sentía incapaz de pararse de su silla y elevar una oración al cielo por este militar a quien culpaba de la muerte de sus amigos y de la violencia que llevó más tristeza e incertidumbre a su casa.

—Pastor —insistió Vásquez—, venga a orar por el general.

Pero no se movía. Cuando lo llamó la tercera vez, se quedó pensando: «No sé cómo orar a Dios por ese hombre. Este tipo es mi enemigo».

A regañadientes pedía ayuda al Señor, pero su corazón se resistía. Sin fuerzas para odiar, obedeciendo la voz del Espíritu Santo, caminó hasta el centro de la reunión. Compungido y angustiado, empezó a repetir las promesas de Jesucristo para quienes llegan ante él con un corazón arrepentido. Sus palabras guiaban al general en una oración de entrega al Señor Jesucristo en tanto él también entregaba, en el mismo altar, odios y recelos. Oraba con el general mientras en su mente suplicaba a Dios por sus propios sentimientos. Lentamente, en secreto, en ese momento, el pastor lo perdonó y experimentó una libertad genuina que no había conocido antes.

Hoy, el pastor Pardo no recuerda lo que dijo, pero sabe cómo cambió su corazón. Al finalizar, cuando el general se puso de pie, él lo abrazó. Era como si Héctor, el joven, perdonara todos los odios engendrados diecisiete años atrás, era volver su vida a 1953 y dar otra oportunidad a todos los que le hicieron daño. Así, la lucha del pastor cambió definitivamente, sin resentimientos ni odios de por medio, porque comprendió que únicamente en el nombre de Jesús de Nazaret se encuentra la verdadera reconciliación[10].

Mi estimado lector, por algún motivo, usted decidió leer este libro. Si se encuentra con los sentimientos descritos en este libro —enojo, envidia, resentimiento y amargura—, es hora de que haga lo que Héctor Pardo hizo en la historia verídica contada anteriormente: perdonar al ofensor y dejar cualquier rencor, odio, resentimiento, envidia y amargura en las manos de Jesús. Puede ser por algo que le sucedió hace veinticinco años; puede ser algo que ocurrió la semana pasada. La solución es la misma: confesar los pecados a Dios, perdonar a la persona que le hizo daño y buscar una reconciliación.

Si puedo ser de ayuda, por favor escríbame a:

JAIME MIRÓN

jaime.miron@palau.org

NOTAS

1. *ConceptoDefinición*, s.v. «Amargura», publicado el 29 de febrero del 2016, http://conceptodefinicion.de/amargura/.

2. *Diccionario de la lengua española*, 23ª ed., s.v. «Chisme» (Madrid: Real Academia Española, 2014).

3. *Wikipedia*, s.v. «Envidia», consultado el 13 de marzo del 2017, https://es.wikipedia.org/w/index.php?title=Envidia&oldid=97534593.

4. *Catecismo de la Iglesia Católica*, 2ª ed., 1866, consultado el 6 de abril del 2017, http://www.vatican.va/archive/catechism_sp/p3s1c1a8_sp.html.

5. John W. Gardner, citado en «La autocompasión», *Crecimiento y bienestar emocional*, consultado el 6 de abril del 2017, http://www.crecimiento-y -bienestar-emocional.com/autocompasion.html.

6. María Moliner, *Diccionario del uso del español*, 2ª ed., s.v. «Regodear» (Madrid: Editorial Gredos, 1998).

7. Marcos Meilán, «Consecuencias de sentir amargura de manera habitual en tu vida», *Adelgazar*, publicado el 29 de agosto del 2013, http://www .adelgazarrapidoweb.com/adelgazar-rapido/consecuencias-amargura.

8. Recomendamos la lectura del libro *¿Dónde está Dios cuando sucede algo malo?* por Luis Palau (Editorial Vida).

9. Mike Silva, «Cómo tener paz en un mundo violento» (mensaje, Trujillo, Perú, 19 de noviembre del 2016). Para más información sobre Mike Silva vea http://www.festivalporlavida.com.

10. Héctor Pardo con Alba Judith Santoyo, *Desde la otra trinchera*, (Miami: Editorial Vida, 2006), 120–122.